GottesdienstPraxis
Serie B

Arbeitshilfen für die Gestaltung von Gottesdiensten
zu Kasualien, Feiertagen und besonderen Anlässen

Herausgegeben von Christian Schwarz

Gottesdienste zu Brennpunktthemen

Herausgegeben von Christian Schwarz

Penguin Random House Verlagsgruppe FSC® N001967

1. Auflage
Copyright © 2025 Gütersloher Verlagshaus, Gütersloh,
in der Penguin Random House Verlagsgruppe GmbH,
Neumarkter Str. 28, 81673 München

Umschlagentwurf: Finken & Bumiller, Stuttgart
Umschlagmotiv: Ausschnitt aus: Giorgio Vasari (1511–1574): Die Flucht der Pisaner
in Torre San Vincenzzo, 1568–1571, Sammlung des Palazzo Vecchio, Florenz,
© der Vorlage: akg-images.de
Satz: Buch-Werkstatt GmbH, Bad Aibling
Druck und Bindung: GGP Media GmbH, Pößneck
Printed in Germany
ISBN 978-3-579-07572-3
www.gtvh.de

Inhalt

Krieg und Frieden

Schöpfung

Tiere

Identität

Zukunft der Kirche

Krieg und Frieden

Endlich Krieg!
Impuls zum Beginn eines Krieges vor 100 Jahren mit Mt 26,52

Christoph Kock

Anfang August 1914. Das Deutsche Reich ist im Krieg, und die Menschen sind begeistert: »Für Kaiser und Vaterland!« Da sind junge Männer in Berlin, die fröhlich ihre Hüte schwenken. Als ob sie auf dem Weg zu einem Volksfest wären. Doch sie sind Kriegsfreiwillige, unterwegs in die Kasernen. Sie rechnen damit, in wenigen Wochen wieder zu Hause zu sein. »Wir Jungen hatten nur eine Angst: es könne wirklich zu Ende sein, bevor wir dagewesen waren«, erinnert sich der Schriftsteller Carl Zuckmayer, der 1896 geboren war. (Als wär's ein Stück von mir. Horen der Freundschaft, Frankfurt am Main 1996, 233.) Der Krieg als Spaziergang. Wie sehr sollte sich diese Generation täuschen!

Endlich Krieg! Die Begeisterung erfasst auch die evangelische Kirche: »Hurra und Halleluja« heißt ihr Soldaten-Gesangbuch, das in den ersten Kriegswochen erscheint. Fast alle ihre Amtsträger begrüßen den Krieg. Weil sie sich stark mit dem Kaiserreich identifizieren. Und weil sie den Krieg als Reinigung und Erneuerung verstehen: Nachdem Teile der Gesellschaft zur Kirche auf Distanz gegangen waren – die Sozialdemokratie, aber auch das Bürgertum –, sind die Kirchen fast über Nacht wieder voll. Kriegsbetstunden werden abgehalten. In Wesel an drei Abenden in der Woche. Die Menschen beten für den Kaiser und den Sieg, aber auch für ihre Angehörigen an der Front. Der Krieg verbindet sie und bringt sie zurück in die Kirchen. Was für ein Segen, werden viele Pfarrer noch ein Jahr später sagen, wenn sie auf den Kriegsbeginn zurückblicken.

Endlich Krieg? In der Bibel finden sich andere Stimmen. Jesus warnt einen seiner Jünger, der seine Festnahme mit Gewalt verhindern will: Wer zum Schwert greift, wird durch das Schwert umkommen. (Mt 26,52) Dieses Wort findet im Spätsommer 1914 kein Gehör. Doch Jesus wird Recht behalten: »Er ist gefallen.« Dieser Satz ist in den folgenden vier Jahren immer wieder zu hören. Gefallen. Neun Millionen Soldaten

sterben, weil sie erschossen, verbrannt, vergast, von Granaten zerfetzt werden. Weil sie krepieren, verbluten, ersticken. Sie sind gefallen und kommen nicht zurück. Nie mehr.

Ein Konfirmand betrachtet eine der Vierungssäulen im Willibrordi-Dom. Sie bewahrt die Namen der »im Weltkriege 1914–1918 gefallenen Söhne« der Evangelischen Kirchengemeinde Wesel. Foto: © Christoph Kock

Gedenken für heute
Predigt über Lk 13,1–5

Markus Engelhardt

Die Predigt wurde am 77. Jahrestag der Bombardierung in der Dresdner Frauenkirche gehalten.

Liebe Gemeinde! Es ist über 50 Jahre her, aber Paul erinnert es noch genau. Wie er seinen Opa fragte: »Großvater, hast du im Krieg einen Menschen erschossen?« Paul spürte, der Opa wollte darüber nicht reden. Es kam nicht mehr als die knappe Antwort: »Ich weiß es nicht. Ich hoffe nicht, mein Junge.«
Was für die New Yorker Nine Eleven ist, ist für die Dresdner der 13. Februar. Ein Datum, das ohne Jahreszahl auskommt. Es gibt ein Davor und ein Danach. Jeder Dresdner weiß, dass heute vor 77 Jahren um 21.45 Uhr unter dem Codenamen »Operation Chevin« die apokalyptischen Reiter aus der Luft kamen, die in wenigen Stunden eine apokalyptische Wirklichkeit hinterließen. Wie in so vielen Städten in jenen Monaten, die es nicht weniger verheerend traf: Hamburg, Köln, Pforzheim u. v. a. Wie viele Dresdner am 13. Februar und in den Tagen danach ihr Leben verloren, ist seit Jahrzehnten Gegenstand erbitterter, hocherhitzter Debatten, hinter denen oft politische Motive stehen. Als Christen können wir nur sagen: Es macht den Schrecken und die Trauer über das, was damals geschah, nicht größer oder kleiner, wenn die Zahl der Opfer mehr oder weniger hoch veranschlagt wird. Schrecken und Trauer machen sich daran fest, was Menschen, als Ebenbilder Gottes geschaffen und wunderbar von ihm begabt, Böses ersinnen und einander antun können.

I.

»Zu dieser Zeit kamen einige Leute zu Jesus und berichteten ihm von den Galiläern, die Pilatus beim Opfern umbringen ließ. Da sagte er zu ihnen: Meint ihr, dass nur diese Sünder waren, weil das mit ihnen geschehen ist, alle anderen aber nicht?« Eine eindringliche Frage Jesu in dem eben gehörten Text. Sie spricht eine bleibende Wahrheit über das aus, was der Krieg ist. Es hat nicht nur in Deutschland, genauso auch in England, den USA, Russland Kinder gegeben, die ihren Großvätern gegenübersaßen und sie gefragt haben: »Opa, hast du im Krieg einen Menschen getötet?«

Wir Christen glauben: Jeder Mensch ist in einem letzten Sinn anderen, aber auch sich selbst entzogen. Denn er ist ein Geschöpf Gottes. Jedem Menschen hat Gott seine Würde verliehen. Unverlierbar und unantastbar. Deshalb hat jeder Mensch ein Recht darauf, dass am Ende seines Lebens in einem Gottesdienst seine eigene Lebensgeschichte Gott anvertraut wird: mit dem, worin sein Leben für uns erkennbar gewesen ist, was gelungen ist darin, was sich sehen lassen kann, aber eben auch mit seinen Brüchen. Das ist der erste ganz wichtige Schritt zu einer gelingenden Trauerarbeit. Wenn aber Leichnam an Leichnam liegt, wenn Tote für immer unter meterhohen Trümmern bleiben, dann sind sie dieses Rechts, unverwechselbar zu sein und damit auch eines Teils ihrer Würde, beraubt. Bei jedem Sterben schmerzt das Unwiderrufliche, Endgültige. Beim Sterben junger Menschen kommt der fast unerträgliche Schmerz hinzu, dass Leben, das sich erst entfalten möchte, abgebrochen, verstümmelt wird. Auch deshalb begehen wir den 13. Februar, um die Toten jener Tage um ihrer Würde willen dem kollektiven Vergessen zu entreißen. Damit die Bitte des Dichters nicht ins Leere gesprochen bleibt: »Oh Herr, gib jedem seinen eignen Tod. / Das Sterben, das aus jenem Leben geht, / darin er Liebe hatte, Sinn und Not.« (Rainer Maria Rilke)

II.

Quälend ist die Frage nach dem Warum. Und zugleich unvermeidlich, ja verzweifelt notwendig. Auch wenn sie niemals abschließend und überzeugend beantwortbar sein wird. Klar und für denkende Menschen einsichtig ist: Der Schrecken des 13. Februar hat seinen Ausgang nicht mit dem Start der britischen und amerikanischen Jagdflieger genommen. Auch nicht mit dem Beginn des Zweiten Weltkriegs. Ja, auch der 30. Januar 1933, der Tag der »Machtergreifung«, ist nicht als der historische Wurzelgrund anzusehen dafür, dass aus deutschen Städten Trümmerwüsten wurden. Man muss noch tiefer hinsehen.

Ich bin Theologe und will den vielen Deutungen der Historiker, wie es zu all dem kommen konnte, keine weitere hinzufügen. Ein scheinbar beiläufiger Aspekt ist mir aber wichtig geworden. Es gibt eine geradezu unheimliche ›Sukzession‹ des Brennens in einer sich abgründig steigernden Intensität. Am Anfang, schon lange vor 1933, im Kaiserreich, brannten die Herzen. Für den Kaiser und den preußischen Militarismus. Gegen die angeblich privilegierten und erfolgreichen Juden. Dann gegen Sozialdemokraten und Kommunisten, die sog. »vaterlandslosen Gesellen«, die, so hieß es damals, der tapferen, »im Felde unbesiegt« gebliebenen kaiserlichen Armee 1918 an der Heimatfront hinterrücks den Dolchstoß versetzt hatten. Dann brannten die Herzen gegen den Versailler Vertrag und die sog. »Verzichtspolitiker«, die ihn unterschrieben hatten. Einer von ihnen, der Außenminister Walter Rathenau, ein jüdischer Liberaler, wurde vor genau 100 Jahren dafür von rechten Extremisten ermordet. Die Herzen brannten damals gegen die erste deutsche Demokratie, die eine Mehrheit des Volkes ablehnte, ja verachtete. Leider, das muss unumwunden gesagt werden, vor allem von den Protestanten. Die Katholiken standen in ihrer großen Mehrheit zur ersten deutschen Demokratie. Dann, am 30. Januar 1933, wurden aus den vielen brennenden Herzen die brennenden Fackeln der Tausende, die durchs Brandenburger Tor zogen, um dem Machtergreifer zu huldigen. Bald darauf brannten die Bücher. Am 9. November 1938 brannten im ganzen Land die Synagogen. Schließlich brannten dann die Öfen in Auschwitz, Majdanek und anderswo. Und wegen alledem brannten am Ende die deutschen Städte.

Kürzlich kam in einer Fernsehsendung zum Wiederaufbau der Semperoper Gunter Emmerlich zu Wort mit der Aussage, er habe von Erich Honecker ein einziges Mal einen klugen Satz gehört. Bei der feierlichen Wiedereinweihung der Semperoper zum symbolträchtigen Datum des 13. Februar 1985, 40 Jahre nach dem Inferno, habe er, Honecker, gesagt: »Die Fackeln, die von Deutschland ausgegangen waren, kamen am Ende auf uns zurück.« Das war ein bemerkenswerter Satz. Denn die ideologische Position der DDR-Führung zur Zerstörung Dresdens war über 40 Jahre ja in eine ganz andere Richtung gegangen.

So war das damals nicht nur, aber eben auch eine Langzeitfolge der vielen brennenden Herzen. Schillers Wort »Das ist der Fluch der bösen Tat, dass sie fortzeugend Böses muss gebären« ist noch tiefer auszulegen: Das ist der Fluch des bösen Gedankens, des bösen Wortes, dass sie früher oder später böse Taten hervorbringen. Die Zeit, die wir aktuell durchleben, macht uns dafür wieder sensibel. Vielleicht ist es das Beste, was wir überhaupt tun können, nichts anderes als einfach die Fragen nach dem Warum lebendig zu halten. Antworten, und seien sie noch so klug, die diese Vergangenheit ›bewältigen‹ könnten, die gibt es nicht. Vergangenheit kann nie bewältigt werden. Was wir brauchen, ist mehr denn je solides Wissen über die Vergangenheit. Wissen, das Fragen überhaupt erst weckt und wachhält. Das ist dringend nötig. Wie groß müssen Vergessen und Verdrängen sein, wenn bei vielen Leuten trotz gut informierender Schulbücher elementare Fakten aus unserer Vergangenheit kaum bekannt sind? Wenn Straßenzüge oder ganze Quartiere zu »ausländerfreien Zonen« ausgerufen werden, in denen Migranten, sofern es dort überhaupt welche gibt, sich besser nicht mehr auf die Straße begeben?

III.

»Großvater, hast du einen Menschen erschossen?« Das heißt: Bist du schuldig geworden? Du, mein Großvater, zu dem ich aufschaue und den ich liebhabe – hast du persönlich Schuld auf dich geladen? Als Pontius Pilatus ohne ersichtlichen Grund Menschen hatte umbringen lassen, kommen die Leute zu Jesus und wollen wissen, was die Schuld der Ermordeten war. Anders konnten sie sich nicht erklären, dass Gott sie diesen grausamen Tod erleiden ließ. Jesus lässt sich auf eine solche Sicht aber gar nicht ein. Er sagt ihnen: »Meint ihr, dass nur sie Schuld auf sich geladen hatten? Im Gegenteil: Ihr werdet genauso umkommen, wenn ihr nicht umkehrt.« Meine Generation ist nicht mehr dazu angehalten worden, auf Feinde zu schießen. Wir konnten aus der Gnade der späten Geburt leben. Aber unsere Enkel könnten uns eines Tages die Frage nach unserer Schuld stellen: Warum habt ihr so lange gezögert, als eine Volksgruppe die andere zu eliminieren versuchte, vor den Augen der Welt – in Ruanda damals, dann in Darfur, aktuell in China an den Uiguren? Warum hatte eure Weltgemeinschaft so wenig Interesse am Schicksal dieser Menschen? Und wie steht es gerade jetzt um das Land unweit von unserer Haustür? Wie ist den Menschen der Ukraine in deren aktueller Bedrohung zu helfen? Ich habe großes Verständnis für die Zurückhaltung unserer Regierung, Waffen dorthin zu liefern. Wenn es um Waffen geht, zumal in Richtung der früheren Sowjetunion, muss äußerste Zurückhaltung geradezu ein Teil unserer Staatsräson sein und bleiben. Aber – ich frage das nur, ohne selbst eine Antwort zu haben – kann es manchmal auch Situationen geben, die eine Ausnahme von dieser Regel rechtfertigen? Es gibt mir jedenfalls zu denken, wenn namhafte Schriftsteller, die von ihrem Selbstverständnis her alles andere als kriegsaffin sind, diese Zurückhaltung jetzt im Blick auf die Ukraine deutlich kritisieren.

Pauls Großvater hatte blutjung noch im Ersten Weltkrieg gekämpft. Wir wussten, dass er, wie so viele seiner Generation, mit brennendem Herzen für Kaiser und Vaterland damals an die Front gezogen war. Aber darüber gesprochen hatte er mit der Familie kaum. Nach seinem Tod sichteten seine Kinder die Schubladen seines Schreibtisches. Zwischen Zeugnissen, Urkunden und Fotografien stießen sie auf ein Eisernes Kreuz zweiter Klasse. Sie wussten alle nichts von dieser Auszeichnung für besondere »Tapferkeit vor dem Feind«. Die Frage: »Opa, hast du im Krieg einen Menschen erschossen?« – er hätte sie mir wohl mit Ja beantworten müssen.

IV.

»Meint ihr, dass nur sie Schuld auf sich geladen hatten? Im Gegenteil: Ihr werdet genauso umkommen, wenn ihr nicht umkehrt.« Die Zahl aller Toten aus dem letzten Weltkrieg wird auf über 60 Millionen Menschen geschätzt. Eine Zahl, so unvorstellbar, dass sie furchtbar abstrakt bleibt. Gar nicht abstrakt, sondern anschaulich und tief schmerzhaft sind die Erinnerungen, die sich in unserer Stadt mit dem Ereignis heute vor 77 Jahren verbinden. Wir trauern heute um sie, um Kinder, Jugendliche, Frauen, Männer. Noch sind Menschen unter uns, die damals Geschwister, Eltern, Großeltern, Klassenkameraden oder Freunde verloren haben. Die Bilder der brennenden Stadt, auch dieser niederbrennenden Kirche, der Anblick der Toten haben sich in ihr Gedächtnis eingebrannt.

In den Monaten und Jahren nach Kriegsende kamen die überlebenden Soldaten nach Hause. Auch sie hatten vor ihrem inneren Auge die Bilder der Zerstörung und Verwüstung. Auch sie mussten damit weiterleben. Was sie in diesem Krieg erlebt hatten, schob sich auf immer zwischen sie und ihre Familien. Das war ihre Last. Damit waren auch sie für ihr Leben gezeichnet. Sie fühlten sich auf ihre Weise als die »Draußen vor der Tür«, wie das berühmte Stück von Wolfgang Borchert heißt, das ihr Schicksal zum Inhalt hat.

Zum Schluss noch einmal unser Jesuswort: »Meint ihr, dass nur sie Schuld auf sich geladen hatten? Nein, im Gegenteil!« – Eines Tages werden die Soldaten aller Völker vor Gott stehen. Gott wird jeden einzelnen von ihnen fragen: »Hast du einen Menschen getötet?« Zum Zeichen der Versöhnung können wir dann zu ihnen hinzutreten und gemeinsam mit ihnen – vor dem Kreuz Jesu Christi – für sie und für uns bitten: Gott, sei uns Sündern gnädig!

Zum Beginn des Irakkriegs 2003
Andacht mit Röm 12,17-21

Christoph Kock

Begrüßung

's ist Krieg! 's ist Krieg! O Gottes Engel wehre,
Und rede du darein!
's ist leider Krieg! – und ich begehre
Nicht schuld daran zu sein!

Hinführung

Liebe Schwestern und Brüder, über 200 Jahre sind diese Worte alt und haben doch an Aktualität nichts verloren. In seinem Kriegslied warnt Matthias Claudius vor den Folgen des Krieges, der Menschen tausendfach ins Unglück stürzt.

Ein Krieg hat in der letzten Nacht begonnen, ein Krieg, den weder Diplomatie noch Gebete verhindert haben. Mir geht es wie auf einer Beerdigung: Fassungslos stehe ich am Grab und kann nichts mehr tun. Ich habe eine dunkle Ahnung von dem Leid, das nun über Menschen kommt. Die Welt ist dunkler geworden. Wut und Trauer, Hoffnungslosigkeit und Resignation machen sich breit.

Votum und Gebet

Am Grab des Friedens feiern wir diese Andacht im Namen des Vaters und des Sohnes und des Heiligen Geistes.

Es ist Krieg und wir wissen nicht, was werden soll. Angst greift um sich. Unsere Friedensgebete waren vergeblich. Ein Lokalpolitiker hat sie sogar als naiv verspottet. Hatte er am Ende Recht? Enttäuscht sind manche nicht nur von Menschen, sondern auch von Gott. Wo ist unser Gott, der Frieden verheißt? Wo ist Gott in diesen Tagen? Wir rufen Gott an mit Worten aus Psalm 22 im Wechsel (EG 709.1 Rheinland-Westfalen).

Lied: Gib Frieden, Herr, gib Frieden (EG 430,1-2)

Ansprache

Warten auf den Krieg – so habe ich die letzten Tage erlebt. Warten auf das Ableben des Friedens. Seine Zeit war abgelaufen; Diplomatie und Völkerrecht kamen nicht mehr zum Zuge. Trauer am Grab des Friedens. Starke Gefühle an diesem Tag. Und Fragen, die ohne Antwort bleiben: Rechtfertigt die Gefahr des Diktators den Einsatz des letzten Mittels? Welchen Informationen kann ich trauen? Nicht erst im Krieg ist die Wahrheit das erste Opfer. Die Wahrheit bleibt schon vorher, bei seiner Vorbereitung, auf der Strecke. Unzählige weitere Opfer aus Fleisch und Blut werden folgen. So stehe ich hier und fühle mich wie so viele hilflos und ohnmächtig.

In seinem Ratgeber für machtlose Christinnen und Christen in Rom schreibt der Apostel Paulus einer Gemeinde, die Hilflosigkeit und Ausgeliefertsein in einem ganz anderen Ausmaß hat ertragen müssen. Menschen, die damals Verfolgung zu befürchten hatten und potenzielle Opfer von Gewalt waren, bekamen folgendes zu hören:

Lesung Röm 12,17–21

So einfach und doch so schwer: »Vergeltet Böses nicht mit Bösem. Verzichtet auf Rache. Lass dich nicht vom Bösen überwinden, sondern überwinde das Böse mit Gutem.« Auf den ersten Blick, so scheint es, ein Programm für eine naive oder weltfremde Gemeinde. Tatsächlich? Ich frage mich, was eigentlich naiv ist: auf die Logik des Krieges zu setzen oder den Weg des Friedens zu suchen? Immer weiter an der Schraube der Gewalt zu drehen oder im Gegner den Menschen zu sehen und deshalb die Spirale der Vergeltung zu unterbrechen? Der Feind ist ein Mensch wie du und ich. Das zu sehen, dazu fordert Paulus die Gemeinde in Rom heraus. Was das in unserer Situation heißen könnte? Da bin ich ratlos. Im Feind den Menschen sehen – das könnte vielleicht bedeuten, nicht ein ganzes Volk für den Größenwahn seines Herrschers bezahlen zu lassen. Im Feind den Menschen sehen – das ist wohl die schwierigere, aber vielleicht auch die intelligentere Art, einen Konflikt zu lösen.

Diejenigen, die den Krieg führen, kann ich nicht dazu bringen, im Feind den Menschen zu sehen. Dennoch bin ich längst nicht so hilflos, wie es heute scheinen mag. Paulus schreibt: »Überwinde das Böse mit Gutem«. Was ist das Gute? Wilhelm Busch hat es einmal so umschrieben: »Das Gute – dieser Satz steht fest – ist stets das Böse, was man lässt.« Für Paulus aber steht mehr auf dem Spiel: Es geht nicht nur darum, etwas zu lassen, sondern auch darum, etwas zu tun: etwa Briefe gegen das Vergessen politischer Gefangener zu schreiben, wie sie Amnesty International organisiert. Oder sich für die Opfer von Kriegen und Krisen einzusetzen, wie es das Friedensdorf Oberhausen tut. Oder fair gehandelte Produkte zu kaufen, die den Erzeugerinnen und Erzeugern in den armen Ländern einen gerechten Lohn für ihre Arbeit garantieren. Oder auf die Straße zu gehen, um zusammen mit anderen gegen den Krieg zu demonstrieren. Es geht darum, Gegengewichte zu setzen, auch heute – ja heute erst recht. Nicht zu resignieren, sondern vorhandene Spielräume zu entdecken und auszunutzen. Ja, wir stehen heute am Grab des Friedens, aber wir dürfen uns mit seinem Tod nicht abfinden. Unser Gott, so bezeugt es Paulus, macht die Toten lebendig und ruft das, das nicht ist, dass es sei. Hoffnung, dass der Krieg nicht das letzte Wort behalten wird. Eine Zumutung, gewiss – aber eine Zumutung mit Zukunft.

Lied: Gib Frieden, Herr, gib Frieden (EG 430,3–4)

Gebet
Du Gott des Friedens, der du das Leben liebst:
Vor dich bringen wir, was uns Angst macht in diesen Tagen und Nächten:

Wir bitten dich für die Länder, in denen Krieg und tödliche Gewalt herrschen,
für die Menschen im Irak,
aber auch für die Menschen in Israel und den palästinensischen Gebieten.

Wehre allem Missbrauch von Macht,
der Menschen zu Feinden erklärt und zum Abschuss freigibt.
Wehre aller brutalen Gewalt, der Menschen wahllos zum Opfer fallen.
Wir bitten dich für diejenigen, die politische Verantwortung tragen:
Schenke ihnen ein Gespür für die Folgen ihres Tuns.
Gib ihnen den Mut zum Gewalt- und Kriegsverzicht.

Du Gott des Friedens, der du das Leben liebst:
Befreie uns vom Geist der Furcht und schenke uns jeden Tag neu
deinen Geist der Kraft und der Liebe und der Besonnenheit.
Vaterunser

Segen

Herr, wir bitten: Komm und segne uns;
lege auf uns deinen Frieden.
Segnend halte Hände über uns.
Rühr uns an mit deiner Kraft. (EG Rheinland-Westfalen 607)

Lied: Unfriede herrscht auf der Erde (EG Rheinland-Westfalen 671,1–2)

Frieden stiften
Andacht während des Syrienkrieges 2016 mit Mt 5,9

Christoph Kock

Votum

Lied: Hört, wen Jesus glücklich preist (EG Rheinland-Westfalen 670,1–4.8)

Ansprache
Jesus sagt: »Selig sind die Frieden stiften, denn sie werden Gottes Kinder heißen.«

Schauen wir auf zwei Bilder aus der letzten Woche:

Foto: © Christoph Kock

Eine kleine Schafherde. Sechs Schafe grasen gemächlich. Ein Schaf und ein Lamm liegen auf der Erde, ruhen sich aus. Allerdings keine niederrheinische Idylle. Nein, ein Bild vom Ausmaß der Zerstörung unserer

Stadt. Im Hintergrund erheben sich die Ruinen von Mariä Himmel-
fahrt. Reste vom Turm. Ein Stück Wand mit einem leeren Fensterbo-
gen. Dazwischen Trümmer. Überreste von Häusern. Verkohlte Baum-
stämme ragen in den Himmel. Das blieb übrig von Wesels Innenstadt
nach den Bombenangriffen am 16., 18. und 19. Februar 1945. Jedes Jahr
erinnern wir uns daran.

Der Junge im roten Pullover schiebt ein Fahrrad. Auf dem Gepäckträ-
ger ist ein großer Korb montiert. Der Korb ist leer. Entlang der Straße
türmen sich Trümmer auf. Kein Haus ist noch intakt. Es gibt hier nur
noch Ruinen. Abgerissene Wände. Tote Fensterhöhlen. Hier und da
lugen rote Stofffetzen unter den Steinen hervor. Reste von Teppichen
oder Vorhängen. Aus geborstenem Beton ragt Eisengestänge hervor.
Auf einem Dach ist eine Satellitenschüssel stehengeblieben. Über allem
liegt grauer Staub. Ein Foto aus Aleppo in Syrien, wenige Wochen alt.
Jesus sagt: »Selig sind die Frieden stiften, denn sie werden Gottes Kinder heißen.«

Foto: © Christoph Kock

Frieden stiften. Wie das wohl geht? In Deutschland ist Frieden erst
durch eine totale Niederlage möglich geworden. Ein hoher Preis für
den Frieden. Mit Hitler und dem Nationalsozialismus ging das nicht:
Frieden stiften.

Frieden stiften. Was das in Syrien bedeutet: Eingreifen in einen Bürgerkrieg, in dem mehrere Parteien mit verschiedenen Interessen kämpfen? Durch Waffenlieferungen an eine oder mehrere Parteien? Die Situation ist unübersichtlich.

Frieden bekommt eine Chance, wenn Menschen miteinander reden. Darauf setzt die christliche Gemeinschaft Sant'Egidio, vor knapp 50 Jahren in Rom entstanden. Sie setzt sich für interreligiösen Dialog ein, so z. B. in einer Veranstaltung auf der Münchener Sicherheitskonferenz. Für Schlagzeilen hat das nicht gesorgt. Sant'Egidio hat jedoch einen langen Atem, nutzt Kontakte, um Gegner an einen Tisch zu bringen. Maßgeblich war die Gemeinschaft an dem Friedensvertrag beteiligt, der 1992 den Bürgerkrieg in Mozambique beendete. Endlich Frieden nach 16 Jahren Krieg. Auch in anderen Ländern vermitteln Christen von Sant'Egidio in regionalen Konflikten.

Frieden stiften hat viele Facetten, und die Aufforderung ist zugleich eine Herausforderung. Am PC ist Krieg ein spannendes Spielzeug, entsprechende Software lässt sich gut verkaufen. Es ist normal, mit Waffen zu handeln und am Krieg zu verdienen. Was würde Jesus dazu sagen? Eine alte Frage, die Christinnen und Christen nach wie vor beunruhigt und irritiert. Offen ist, ob ihre Antwort ohne ein ›Aber‹ auskommt.

Jesus sagt: »Selig sind die Frieden stiften, denn sie werden Gottes Kinder heißen.«

Die LEIDENschaft Gottes
Predigt über Jes 5,1–7 zum russisch-ukrainischen Krieg

Kurt Rainer Klein

1.

Ein Prophet tritt als Sänger auf. In aller Öffentlichkeit singt er sein Lied. Wir begegnen Jesaja als Liedermacher – wie heutzutage Max Giesinger, Tim Bendzko, Joris oder Bosse. Ob er heute eine Gitarre umhängen hätte? Oder mit einem Keyboard unterwegs wäre? Sein Auftritt ereignete sich bei einem Weinlesefest. Als alle Feiernden so richtig in Stimmung gekommen waren, ergreift Jesaja die Gelegenheit und trägt seinen Song vor.

Er singt ein Lied von seinem Freund und dessen Weinberg. In poetischen Worten erzählt er eine Geschichte. Es klingt nach einer Ballade, einem Liebeslied: Der Freund gräbt den Boden um, macht die Steine heraus, pflanzt darauf edle Reben. Er baut einen Turm, gräbt eine Kelter und wartet darauf, dass der Weinberg gute Früchte bringt. Welch eine Liebe! Welche eine Hingabe! Welch eine Erwartung! Es klingt hoch emotional, ja fast schon erotisch.

Aber dann auf einmal die Enttäuschung. In einem Satz bricht der Schmerz hervor: Der Weinberg brachte schlechte Trauben. Alle Liebe, alle Hingabe, alle Erwartung: Am Ende ist alles umsonst. Vergebliche Mühe, unerfüllte Hoffnung, verschmähte Liebe. Es hat sich nicht gelohnt. So bitter kann das Leben sein, wo man auf süße Trauben gewartet hat. So leer kann man sich innerlich fühlen, wo man so viel mit Herzblut investiert hat.

Wir haben schon viele Herz-Schmerz-Lieder gehört. Ob dieser Song Jesajas ein Hit werden könnte? So ein richtiger »Million-Seller«. Der immer wieder im Radio gespielt würde? Der täglich Abertausende Male im Internet auf YouTube angeklickt würde? Schwer zu sagen. Lieder, die Sehnsüchte aussprechen, die auch unsere sind, Lieder, die Erwartungen zur Sprache bringen, Lieder, die Enttäuschungen in Worte fassen, finden unsere Aufmerksamkeit.

In bildhafter Sprache hören wir von einem leidenschaftlichen Liebhaber. Dieser Liebhaber begegnet uns als Winzer, der alles gibt, alles dransetzt, keine Mühe scheut. Seine Leidenschaft kommt im Schmerz zur Sprache. Im Schmerz, keine Resonanz gefunden zu haben. Im Schmerz, dass ihm die Erwiderung versagt wurde. Im Schmerz, der uns erst spüren lässt, wie unglaublich groß diese Leidenschaft, diese Liebe ist.

2.
Können wir nicht auch manchmal ein Lied davon singen? Von großer Hoffnung? Von großem Engagement? Von großer Leidenschaft? Ja, von den vergeblichen Mühen, von unserer enttäuschten Liebe? Von dem Schmerz, der unsere Seele quält? Jeder von uns kennt das. Den zuversichtlichen Blick auf etwas ganz Bestimmtes. Die Leidenschaft, die dadurch geweckt wird. Und dann auf einmal die Enttäuschung, der fade Geschmack, der zurückbleibt.

Wir schauen auf die Ukraine. Das ist so ein Land mit enttäuschter Liebe, mit deprimierten Hoffnungen. Freiheit hat das Land beflügelt. Die Menschen spürten Aufbruch und Zukunftshoffnung. Über Nacht sind aus süßen Trauben saure geworden. Städte und Orte in Schutt und Asche gebombt. Menschen in Angst und Verzweiflung gestürzt. Millionen zur Flucht getrieben. Enttäuschte, Verletzte, Tote, Traumatisierte. Ein Ende des Krieges ist nicht absehbar. Für uns, die wir im Frieden leben und allabendlich die Bilder sehen, ist die Zerstörung, die Bomben und Drohnen angerichtet haben, unvorstellbar. Alle Bemühungen und Gespräche vor Kriegsbeginn haben den Überfall Russlands auf die Ukraine nicht verhindern können. Und alle Versuche, die hinter den Kulissen stattfinden, scheinen nicht in der Lage zu sein, den Aggressor von seinem einmal gefassten Plan der Unterwerfung und Einverleibung der Ukraine abzubringen.

Was würde Jesaja dazu singen? Er würde vom Leid der Menschen singen. Von ihren Ängsten und Albträumen. Von ihrer Ohnmacht, die bitter und wütend macht. Von ihrem Seelenschmerz. Von der Zerstörung der Häuser und Lebensmöglichkeiten. Von den toten Soldaten und Zivilisten. Von den offensichtlichen Grausamkeiten dieses Krieges. Von den zerstörten Träumen vieler Ukrainer. Von zerrissenen Beziehungen. Von dem Schmerz Gottes. Von Gottes LEIDENschaft.

Er würde aber auch singen von der übergroßen Friedenssehnsucht der Menschen. Von dem tiefen Wunsch, dass dieser Krieg sein baldiges Ende findet. Von einem normalen Leben in geordneten Bahnen. Von der Sicherheit, die sich jeder wünscht, um ruhig schlafen zu können. Von der Kraft, die nötig ist, um das Zerstörte wieder aufzubauen. Von dem Glauben an eine bessere Welt. Von dem, was jeder selbst dazu beitragen kann.

3.

Der Liebhaber, der Winzer in Jesajas Lied, der Leidenschaftliche ist Gott selbst. Gott zeigt sich ohnmächtig: »Was sollte man noch mehr tun an meinem Weinberg, das ich nicht getan habe an ihm?« Gott zeigt sich ratlos: »Warum hat er denn schlechte Trauben gebracht, während ich darauf wartete, dass er gute brächte?« Gott zeigt sich verletzt und enttäuscht. Wo das Leben pulsieren könnte, herrscht elender Krieg, Hass und Zerstörung. Wo man sich am Leben erfreuen könnte, dominieren Leid und Schmerz, Bitterkeit und Tod.

In solch kritischen Situationen sind wir gefragt. Was ist zu tun? Was können wir tun? Im Blick auf das Desaster in der Ukraine sehen wir, wie groß die Hilfsbereitschaft war und ist. Wie viele haben geflohene Ukrainer bei sich aufgenommen! Wie viele haben finanziell oder materiell geholfen! Wie viele haben sich für Ukrainer eingesetzt, moralischen Beistand geleistet und im Verborgenen positiv gewirkt!

Ein heikles Thema ist und bleibt die Unterstützung der Ukraine mit Waffen, damit sie sich vor dem Aggressor verteidigen kann. Da gibt es ganz unterschiedliche Ansichten. Auf politischer Ebene. Bei Politikern und Staaten. Beim Volk. Unter Christen. Es ist gut, wenn darüber diskutiert und gestritten wird. Die Lage ist kompliziert, nicht schwarzweiß, und die einfachen Lösungen liegen nicht auf der Hand.

Der Kabarettist Lars Reichow hat es so ausgedrückt: »Stellt euch vor, stellt euch bitte vor: Eines Tages überfällt euch der Nachbar. Er durchbricht den Gartenzaun, er erschlägt die Kinder, er vergewaltigt die Mutter dieser Kinder, er schießt auf das Haus. Ihr wehrt euch, ihr holt Hilfe aus der Nachbarschaft, aus der Verwandtschaft. Du kämpfst gegen den Feind, dem du nichts, dem du nichts getan hast. Und irgendwann im Kampf gegen den Eindringling kommt der Nachbar von der anderen Straßenseite und sagt: »He, hör mal, ich hab wirklich Angst, dass er die ganze Siedlung zerstört. Kannst du nicht versuchen, einen

Kompromiss, einen Kompromiss mit ihm auszuhandeln? Gib ihm ein Viertel von deinem Garten, und deine Frau, wenn´s ihm doch so gut gefallen hat, das Trampolin brauchst du nicht mehr.« Wie würdet ihr entscheiden? Wer macht dem Mörder seiner Kinder ein Friedensangebot?«
https://www.youtube.com/watch?v=TArsT_Eoow8&list=RDTArsT_Eoow8&start_radio=1

Gottes Leidenschaft – das, was Leiden schafft – drückt sich im Schmerz aus. »Er wartete auf Rechtsspruch, siehe, da war Rechtsbruch, auf Gerechtigkeit, siehe, da war Geschrei und Schlechtigkeit.« Diesen Schmerz fühlen auch wir in unserem Herzen, wenn wir in die Ukraine schauen. Und unsere Sehnsucht nach Frieden wird dadurch noch tiefer und intensiver. Wie sehr wünschen wir uns den Weinberg wieder blühend und gute Früchte hervorbringend! Wir sehr wünschen wir uns Rechtsspruch statt Rechtsbruch, Gerechtigkeit statt Schlechtigkeit.

4.
Ein großer Lehrer wurde von seinen Schülern gefragt: »Welches ist der wichtigste Gedanke, den wir denken können? Der Meister antwortete: »Der wichtigste Gedanke ist der des Friedens.«
»Und welches ist das wichtigste Wort, das wir aussprechen können?« »Das wichtigste Wort ist das des Verzeihens«, belehrte der Gefragte seine Schüler. »Und welches ist die wichtigste Tat, die wir verrichten können?« »Die wichtigste Tat ist die Versöhnung.«
Beat Imhof, Wahrheit und Weisheit, Symbolgeschichten, Solothurn 1995

Frieden – Verzeihung – Versöhnung. Ein schwieriger und weiter Weg – für und in der Ukraine. Ja, ein Weg der LEIDENschaft und des Schmerzes. Aber doch auch ein Weg der LIEBE. Und wir wissen alle, dass für die Heilung viel Liebe nötig ist.

Andacht während des Ukraine-Krieges mit Mi 4,3

Christoph Kock

Die Andacht wurde in der Passionszeit 2024 gehalten.

Lied: Unfriede herrscht auf der Erde (EG Rheinland-Westfalen 671,1–2)

Votum

Ansprache

Liebe Mitglieder des Presbyteriums, seit zwei Jahren ist in der Ukraine Krieg. Die öffentliche Aufmerksamkeit hat sich durch den Überfall der Hamas auf Israel und den darauffolgenden Krieg in Gaza verschoben. Aber der Krieg in Europa geht unvermindert weiter. Ein Ende ist nicht in Sicht. Szenarien wirken bedrohlich. Russland setzt auf Krieg. Analysten überlegen, wie lange Russland brauchen wird, um einen Krieg auf die NATO vorzubereiten. Die Fristen sind erschreckend kurz. Die NATO setzt auf Abschreckung, um eine Ausweitung des Krieges auf NATO-Gebiet zu verhindern. Kriegstauglich müsse die Bundeswehr werden, fordert der Verteidigungsminister. Muster aus den Zeiten des Kalten Krieges kehren wieder. Und währenddessen sterben Menschen in der Ukraine und ein Land wird zerstört. Ihre Passionszeit setzt sich auf unbestimmte Zeit fort. Jeden Morgen wachen die Menschen im Krieg auf.

Wer nach Frieden fragt, steckt in einer Sackgasse. Muss Ohnmacht aushalten. Dass Völker verlernen, wie Kriege geführt werden, rückt in weite Ferne.
Dann werden sie Pflugscharen schmieden aus den Klingen ihrer Schwerter. Und sie werden Winzermesser herstellen aus den Eisenspitzen ihrer Lanzen. Dann wird es kein einziges Volk mehr geben, das sein Schwert gegen ein anderes richtet. Niemand wird mehr für den Krieg ausgebildet.

Mein Konfirmationsspruch, 1982 ausgesucht, aus dem Buch des Propheten Micha (Mi 4,3). Die Sicht eines Traumtänzers in Gottes Auftrag. Sich in dieser Situation für Abrüstung einsetzen? Ernsthaft? Mir fällt es schwer, mich zu positionieren. Frieden ist das Ziel. Da bin ich mit vielen Menschen einer Meinung. Aber wo geht es lang zum Frieden? Da bin ich bin ratlos.

Was ich vor 40 Jahren für richtig hielt, ist heute für mich fragwürdig. Was für mich in den 1980er Jahren eindeutig war, ist ambivalent geworden. Und doch halte ich an Michas Vision fest.

Dennoch. Trotzdem glauben. Dagegenhalten. Ich bin beeindruckt, wie Menschen dieses »Dennoch« durchbuchstabieren. Einer, der das kann, wurde auf der Landessynode kurz begrüßt: der ehemalige Oberkirchenrat und Superintendent Klaus Eberl. Er ist eng mit der russischen Stadt Pskow verbunden. Dort gibt es seit mehr als 30 Jahren ein heilpädagogisches Zentrum. Es geht auf eine Initiative aus unserer Kirche zurück. Als Zeichen der Versöhnung nach dem Überfall der Wehrmacht auf die Sowjetunion im Zweiten Weltkrieg. Daraus ist eine Einrichtung zur Förderung und Betreuung von Kindern mit schweren und mehrfachen Beeinträchtigungen geworden, die in Russland inzwischen Maßstäbe in der Behindertenhilfe setzt. Trotz des russischen Angriffskriegs in der Ukraine sind alle Beteiligten auf deutscher und russischer Seite bemüht, das Projekt weiterzuführen. Während mittlerweile viele Städtepartnerschaften und Partnerschaftsprojekte von Nichtregierungsorganisationen ihre Arbeit eingestellt haben, sind die Initiative Pskow und ihre Partner auf russischer Seite überzeugt, dass die Zusammenarbeit fortgesetzt werden kann und muss. Klaus Eberl, seit vielen Jahren engagiert, sagt in einem Interview: »Es könnten ja Zeiten kommen, in denen wir händeringend nach solchen noch funktionierenden Brücken suchen. Ohne solche Anknüpfungspunkte ist es kaum möglich, eine neue Friedensordnung zu entwickeln.« Um an den Kontakten festzuhalten, ist Fantasie gefragt: Fortbildungen mit deutschen und russischen Beteiligten sind in diesem Jahr in Antalya in der Türkei geplant, weil dort weder Deutsche noch Russen ein Visum brauchen.

Dennoch. Trotzdem glauben. Dagegenhalten. Ein Tropfen auf den heißen Stein nur. Während des Krieges in der Ukraine an diesem Kontakt nach Russland festhalten. Und doch: Hier leuchtet auf, was möglich sein könnte. Etwas, was besser ist als der Krieg, der so viel kostet und so viel zerstört.

Dann werden sie Pflugscharen schmieden aus den Klingen ihrer Schwerter. Und sie werden Winzermesser herstellen aus den Eisenspitzen ihrer Lanzen. Dann wird es kein einziges Volk mehr geben, das sein Schwert gegen ein anderes richtet. Niemand wird mehr für den Krieg ausgebildet.

Damit die Passionszeit endlich zu Ende geht und es Ostern wird.

Lied: Unfriede herrscht auf der Erde (EG Rheinland-Westfalen 671,3)

Lasst den Ölzweig nicht ins Meer stürzen
Predigt zu Ps 85,9–14

Reinhild Koring

*Die Predigt wurde in einer Veranstaltungsreihe zum Thema »Frieden?«
gehalten.*

»Gebt uns die Waffen, um diesen Krieg zu töten.« Diesen verstörenden
wie eindrücklichen Appell richtete die ukrainische Feldsanitäterin Julija
Pajewska an die Münchner Sicherheitskonferenz 2024. »Ist Europa
im Krieg?«, fragt sich Timothy Garton Ash, Professor für Europäische
Studien an der Universität Oxford, in der Süddeutschen Zeitung vom
23.02.2024. »Europa im Krieg? Sie machen Witze. Menschen sitzen
in der Frühlingssonne in den Münchner Cafés, es ist Wochenendtru-
bel.« Dieser Krieg vom Februar 2022 dauert an. Russland überfiel die
Ukraine. Mindestens diese vier Worte braucht es, aber auch nicht mehr,
um den Atem anhalten zu lassen.
Sie, liebe Zuhörerinnen und Zuhörer heute Abend, werden zu denen
gehören, die sich immer noch und wieder und wieder damit auseinan-
dersetzen. Darum sind Sie zu dieser Veranstaltung im »gottesdienstli-
chen Rahmen« gekommen. Ein Auftakt für weiteren Austausch soll es
werden. Wir alle suchen eine Umgangsweise mit diesem Geschehen,
Antworten sogar, obwohl das vermessen sein mag. Nach Israel schauen
wir auch mit blankem Entsetzen, und nach Gaza. Lose Fäden hängen
herum, man kann Dinge andenken, aber nicht zu Ende, weil man sich
vielleicht nicht traut. Wagen wir gemeinsam den Versuch. Nachher
haben noch andere das Wort. Und natürlich Sie alle, wenn wir zusammen weiterreden.

Ein Tabu fällt mit diesem Krieg, nein, nicht nur eins. Es ist eine Menge
los auf dem Feld der Tabus. Das treibt mich um, das macht weiß Gott
etwas mit mir. Ein Tabu soll nicht nur verbieten, es soll auf der anderen Seite etwas schützen, etwas, das unberührbar bleiben soll, das man
nicht antastet, denn es ist ja tabu. Man hat die Finger davon zu las-

sen, sonst verbrennt man sich. Am 28.02.2024 hat die Bundesrepublik Deutschland einen Drohnenangriff jemenitischer Huthi-Milizen im Mittelmeer abgewehrt. Dies geschah auf der Fregatte »Hessen«, die zu ihrem ersten Einsatz nach dem Zweiten Weltkrieg zur Sicherung der Handelsschifffahrtsrouten ausgelaufen war. Die Mitteilung traf mich bei der Vorbereitung des Mittagessens. Was mich am meisten erschüttert hat, war diese Beiläufigkeit der Radiomeldung und die erschreckende Wahrheit, dass es nur eine Frage der Zeit sein konnte, eine solche Meldung zu hören. Ja, Kosovo war auch schon, ich weiß, deutsche Beteiligung. Aber jetzt ist es anders, eine gefühlte drohende Verschärfung. Ich krame ausgerechnet in meinem musikalischen Gedächtnis und finde den Song von Hans Hartz aus den achtziger Jahren, kennt ihn noch jemand?

Die weißen Tauben sind müde
Sie fliegen lange schon nicht mehr
Sie haben viel zu schwere Flügel
Und ihre Schnäbel sind längst leer
Jedoch die Falken fliegen weiter
Sie sind so stark wie nie vorher
Und ihre Flügel werden breiter
Und täglich kommen immer mehr
Nur weiße Tauben fliegen nicht mehr
Hans Hartz, Frei wie der Wind. Die Balladen, 1982

Der Frieden ist immer gefährdet, überall auf der Welt. Falls überhaupt schon irgendwo so etwas wie ›wahrer‹ Frieden ist, kaum möglich bei allen politischen Kompliziertheiten, Machtstreben und Größenwahn, Gebietsansprüchen, menschlichen Verwerfungen. Mit der weißen Taube auf blauem Grund, ob als Plakat oder als Fahne, mit dem sichtbaren Wunsch und Ziel: Frieden! bin ich aufgewachsen, und das fand ich gut. Und viele, die hier sitzen, sind mit mir im Frieden aufgewachsen. Nur die ganz Alten, sie können noch davon erzählen, was der Krieg mit sich bringt. Wenn man schon mal wenigstens einen Zipfel davon zu fassen hat, vom Frieden, was wird aus ihm, wenn sich die Schlinge um ihn angesichts der politischen Lage immer mehr zuzieht? Und wenn wir selbst mitgemeint sind durch den Aggressor, wir als Teil Europas, was bedeutet das, was wird aus der Friedenspflicht des Grundgesetzes? Wir hörten: Deutschland muss »kriegstüchtig« werden, die Wehrpflicht muss zurück, ein Veteranentag wird am 25.04.2024 vom Parlament beschlossen. Die Gratwanderung am Rande des Erlaubten im Rahmen des Grundgesetzes ist zu einem Drahtseilakt geworden. Die neue Lage erforderte auf Seiten der Gesetzgebung eine Bearbeitung des Friedenswillens. Damit sind »Herstellung, Beförderung und In-Verkehr-Bringen von Kriegswaffen sowie die Ausbildung ukrainischer Soldaten« möglich. (Ausarbeitung des Wissenschaftlichen Dienstes zur Vereinbarkeit mit dem Friedensgebot der Präambel des GG vom Oktober 2023)

Stopp. Ich komme nicht mit, oder besser gesagt, ich will nicht! Hören wir auf einige Verse aus Psalm 85. Nicht um uns wegzuträumen, sondern um Halt zu finden.

»Zeige uns Gott, deine Freundlichkeit und gewähre uns dein Heil! Hören will ich, was Gott sagt. Unbestritten sagt Gott: Frieden, zu seinem Volk und zu denen, die Gott lieben, dass sie nicht zur Mutlosigkeit zurückkehren. Ja, nahe ist sein Heil denen, die Gott ergeben sind, damit glanzvolle Würde wohne in unserem Land. Freundlichkeit und Wahrheit (Verlässlichkeit) begegnen sich, Gerechtigkeit und Frieden küssen sich. Wahrheit (Verlässlichkeit) wird aus der Erde sprießen, Gerechtigkeit vom Himmel herabschauen. Auch gibt Gott das Gute, unser Land wird seinen Ertrag bringen. Gerechtigkeit geht vor dem Antlitz Gottes her und macht ihre Schritte zu einem Weg.« (Übersetzung überwiegend nach der BiGS)

Diese Verse tragen mich, sie geben mir Halt, hier möchte ich mich aufhalten wie in einer Zone der Sicherheit. Ich stelle mir vor, Gott sagt das zu jedem Land. Jedem Menschen gilt: Du darfst unter deinem Feigenbaum, auf deinem Land, am Amazonas oder in den Weiten von Texas, in deiner Wohnzelle in Tokio oder Shanghai, am Meer oder in der Steppe, in deinem Staat, wo auch immer auf der Welt – du darfst und du sollst sicher wohnen können (Ps 4,9). Dies ist die Hoffnung, dies sei das Ziel. Psalm 85, ein wunderbarer Klang der Worte. Welche Wirkung üben sie aus? Diese jedenfalls nicht: Ich will mit ihnen nicht über die Welt hinwegträumen wie im Fluge, sondern sie sollen mir helfen, dass mich der Schrecken nicht lähmt und überwältigt. Sie müssen eine irrsinnige Ausdauer haben, diese Verse und andere auch, um hörbar zu bleiben. Denn erst recht schrecklich ist: Dem einen Krieg und dem anteren Krieg werden weitere folgen an den verschiedenen Schauplätzen dieser Welt. Diese Verse dürfen trotzdem nicht entwertet werden. Diese hoffnungsvollen Verse von Psalm 85, sie müssen, ja sie müssen in der Welt sein. Sie wenden sich an alle, die noch glauben und hoffen wollen. Natürlich spricht Gott vom Frieden, natürlich sehnen wir uns nach Gottes Heil. Wer sonst sollte es uns gewähren?

Hör auf zu träumen, komm wieder runter, sagt mir mein zuweilen pessimistisches Über-Ich. Schau lieber genauer hin: Ein Schatten liegt immer wieder über dieser Hoffnung, wenn Krieg auch in jenem Land ist, in dem die Psalmen zuerst gesungen und gesprochen wurden. Israel kennt diese Erfahrungen: Nahe ist das Heil Gottes und doch nicht greifbar. So beten Menschen darum, Gott möge wahr werden lassen, was geträumt wird. Vollkommener geht Hoffnung kaum: Freundlichkeit und Wahrheit kommen aufeinander zu, Gerechtigkeit und Frieden sind endlich ein Paar. Himmel und Erde werden sich auftun und alle diese Töchter Gottes hervortreten. Die Mutlosigkeit sieht klein gegen sie aus! Niemand muss um seine Würde bangen. Die Gerechtigkeit gibt die Richtung vor! Schalom, Frieden entwickelt sich und breitet sich aus. So bricht sich auch die Wahrheit Bahn. Krieg, Verletzung und Tod, Flucht und Vertreibung, Vergewaltigung, Verheerung und Verlust des Landes dürfen und werden nicht mehr sein. Was für ein Text, was für eine Poesie!

Poesie angesichts von unbeschreibbarem Leid. Gibt es eine schärfere Diskrepanz? Doch »lebendig ist das Wort Gottes, kraftvoll und schärfer als jedes zweischneidige Schwert. Es dringt durch bis zur Scheidung von Seele und Geist« (Heb 4,12). Nein, hier geht es nicht um Poesie, aber um das Wort, das uns durch Mark und Bein dringen soll. Gottes Wort bringt Dinge auf den Punkt, legt Finger in Wunden, schmerzt auf ganz eigene Art, damit wir uns trauen hinzusehen. Klingende Poesie und scharfes Wortschwert, beides ergänzt sich kraftvoll und widerspricht dem, was um Gottes Willen nicht sein soll.

Ohne dieses Sehnen nach Frieden, zumindest nach etwas Vergleichbarem – falls wir uns vielleicht nicht trauen, ganz bis zu Ende zu träumen – ohne dieses Sehnen kommen wir nicht aus. Solches Sehnen teile ich auch jetzt mit unzähligen anderen Menschen, mit Ihnen allen, das weiß ich. Und da ist noch etwas: Psalm 23: Gott deckt mir einen Tisch im Angesicht meiner Feinde! Da horche ich auf: Ich habe mir das nie konkret vorgestellt, fand immer nur, es ist ein starker Satz. Aber jetzt durchfährt es mich, die Erkenntnis: Ja, es gibt möglicherweise Feinde. Es gibt Situationen, da entstehen Feinde, aber nicht einfach so, sie werden zuweilen bewusst gemacht. Menschen muss man erst zu Feinden erklären, sonst funktioniert der Krieg nicht gut! Nie habe ich mir so sehr darüber Gedanken gemacht wie jetzt: Gott deckt mir den Tisch im Angesicht meiner Feinde. Wie oft beten wir diesen Psalm. Gott, der Hirte Israels! Und ich bin auch gemeint, wir sind auch gemeint. Gott behütet mich, erst recht, wenn ich wirklich ›auf der Hut‹ sein muss. Und Israel kennt das und die Ukraine kennt das.

Die Welt dreht sich nicht so, wie ich will, oder wie Gott es will. (Selbst Gott ist möglicherweise hilflos, sprachlos, was auch nicht vorgesehen ist.) An anderen Stellen dreht sich aber längst alles im neuen Takt der Notwendigkeiten. Die Waffenproduktion läuft auf Hochtouren. Man reibt sich die Augen, die Rüstungsindustrie kann es selbst kaum glauben. Die Arbeitsplätze dort sind keine Schmuddelecke mehr. Im Gegenteil! Waffenproduktion scheint rehabilitiert, sie ist gut, sie kurbelt die Wirtschaft an, das ist so notwendig und nützlich, wie es für andere Branchen auch gilt, ja, mehr noch. Die Ukraine braucht Mittel zur Verteidigung und ein Heraushalten gibt es nun nicht mehr ... Quälende Fragen, wie die Unterscheidung zwischen unausweichlichen, aber gerechtfertigten Kriegen und anderen sind neu für mich. Gute und schlechte Waffen? Das kann es doch wohl nicht wirklich geben. Was ich weiß, ist: Ein Zustand der Unschuld ist für mich zu Ende gegangen. Ein Zustand der selbst eingerichteten Sorglosigkeit hinsichtlich realer Bedrohungen, wie wir sie jetzt sehen. Eine Sorglosigkeit ohne die Notwendigkeit, Konsequenzen meiner Friedenshaltung hundertprozentig durchzubuchstabieren.
Aufgewachsen bin ich mit dem Nein zu Gewalt und Krieg, aufgewachsen mit dem Christus, der das Gewehr zerbricht (Otto Pankok), aufgewachsen mit der Haltung von Mahatma Gandhi, Martin Luther King, Nelson Mandela, Käte Kollwitz u. a., aber auch mit dem Satz Bonhoeffers, es sei notwendig, »nicht nur die Opfer unter dem Rad zu verbinden, sondern dem Rad selbst in die Speichen zu fallen« (Die Kirche vor der Judenfrage 1933). Das »Sag NEIN!« von Wolfgang Borchert stand felsenfest da, ebenso Aussagen wie diese: »Krieg soll nach Gottes Wil-

len nicht sein« (ÖRK Amsterdam 1948), oder das berühmte Zitat, das ursprünglich von einem amerikanischen kleinen Mädchen stammen soll, das vorbeiziehende Truppen sah: »Stell dir vor, es ist Krieg, aber keiner geht hin.« Für mich klingen solche Aussagen jetzt ganz anders. Wie ein fernes Echo klingt der Spruch in meinem Kopf. Zum Krieg geht keiner hin, und alles wird gut? Das haben wir doch schon damals als halb Erwachsene nicht ernstnehmen können. Dieser Satz klingt für mich inzwischen zynisch-bitter. Solche Sprüche muss man sich erst einmal leisten können. In Israel-Palästina, in der Ukraine, in Syrien, im Sudan und woanders auf der Welt.

Was ist nur aus meiner eigenen Friedenspflicht-Überzeugung geworden? Wie steht es um Ihre? Manchmal bin ich wieder unentschlossen, voller Zweifel. Es kann mürbe machen zu fragen: Bist du für Waffenlieferungen oder dagegen? Manches Tischtuch wurde schon wieder zerschnitten über solchen Fragen. Wir müssen Freiräume für Diskussion behalten, in denen mit Respekt die andere Meinung ausgehalten werden kann, ohne sich ideologische Vorwürfe an den Kopf zu werfen. Gespräche sind schwierig geworden. Aber sie helfen auch.

7. Oktober 2023: Ein Gemetzel an unschuldigen Zivilisten in Israel mit mehr als 1.000 Toten und 2.900 Verletzten, Hunderten Entführten oder Gefangenen (zit. nach D. Grossmann). Und daneben steht, wie aus einer wahrhaft anderen Welt, unser Psalmwort: »Hören will ich, was Gott sagt. Unbestritten sagt Gott: Frieden, zu seinem Volk und zu denen, die Gott lieben, dass sie nicht zur Mutlosigkeit zurückkehren.« Da steht es wie ein Fels. Realität und Hoffnung gegen den Tod, das eine steht neben dem anderen, und es ist schwer auszuhalten. Das eine ist der grünende Baum, das andere der Pilz, der ihm den Saft aussaugt. Das eine ist der Falke, das andere ist die Taube, die ihren Ölzweig verloren hat. Und die Gutwilligen, wenn sie es denn wirklich sind, überleben oft nicht, eine bittere Wahrheit der Geschichte. Das Abkommen von Oslo 1993 zwischen Rabin und Arafat brachte beiden zwar den Nobelpreis, aber noch nicht den echten Frieden. »Lasst den Ölzweig nicht aus meiner Hand fallen.« Mit diesem Satz beendete Jasser Arafat seine Rede. Die Taube mit dem Olivenzweig, *das* Bild für den Frieden, der noch erreicht werden muss. Wenn doch jemand hörte, was Gott sagt. Gott, der keine Grenzen kennt.

Ich muss an ein asiatisches Märchen denken, das ich einmal als Puppenspiel sah. Ich weiß nicht mehr, wie es hieß. Es ging um einen Mann, der nicht sterben musste. Zunächst erfreut über dieses wunderbare Geschenk ewiger Zeit wanderte er in eine weite Endlosigkeit. Das Weltgeschehen zog vorbei, Jahrzehnt um Jahrzehnt. Er wurde zum durchziehenden Beobachter, immer auf der Durchreise. Ein festes Zuhause hatte er nicht mehr. Allmählich wurde er müde von den vielen Eindrücken, die er nicht mehr verarbeiten konnte. Was ihn aber regelrecht niederdrückte und mit der Zeit krumm werden ließ, das waren die unzähligen Schlachtfelder, über die er zu schreiten hatte. Er sah Tod und Elend, konnte aber nicht eingreifen. Da bat der Mann um den Frieden des Todes.

Ja, ich weiß, ein trauriges Märchen. Was für eine schreckliche Vorstellung! Denn falls die endlose Abfolge von Glück und Leid, Konflikten und kriegerischen Auseinandersetzungen, wie Geburt und Tod, falls die Angst vor der Wiederkehr des immer Gleichen unser Leben bestimmt, werden wir bald müde sein vom Kampf um Hoffnung! Es gibt nie etwas anderes unter der Sonne, das meint auch die Schrift des Predigers im Alten Testament, aber wenigstens wechseln sich die Zeiten ab, sagt er. Krieg und Frieden, Streit und Versöhnung. Mehr als das lässt sich nicht erreichen. Ich denke, da wollen einige von Ihnen widersprechen. Ich auch! Ich zweifle zwar oft, ob es noch gut wird mit dieser Welt. Aber wären wir nur zum sinnlosen Zuschauen und Ertragen des sich ewig Wiederholenden verdammt, was wäre noch lebenswert, was wäre zu tun, außer auf das Ableben zu warten? Ich versuche Hoffnung zu haben mit Musik und mit biblischen Versen, mit Gedanken von Menschen, die mich teilhaben lassen an ihren Erfahrungen und ihrer Denkweise.

Einer davon ist der israelische Schriftsteller David Grossmann. Er schrieb schon immer über das belastete und tragische Verhältnis zwischen Juden und Palästinensern. Die junge Generation auf beiden Seiten liegt ihm besonders am Herzen. »Und dann kommt der Moment, wo klar ist, dass der Krieg erreicht hat, was er erreichen kann, und alle in Israel und Gaza wissen es, aber sie können nicht aufhören (...) und Kommentatoren malen die Gesichter des Feindes schwarz.« Grossmann spricht vom »Bann der Gewalt«, durch den es nicht möglich sei, aus der Spirale des sich regelmäßig wiederholenden Krieges auszubrechen. Es ist »wie ein Fluch«. Wie kann es sein, dass es trotz aller kreativen Potenziale nicht gelingt, Frieden zu machen? (Rede im Mai 2021 an die Kinder von Gaza und Aschkelon)

Ja, wie kann es sein? Ich fürchte, das bleibt letztlich unbeantwortet, nicht nur heute Abend. Eines weiß ich: Ich muss, ich möchte mich vergewissern, was christliches Denken sein kann, humanistisches, verbindliches, uns miteinander verbindendes Denken, ohne widersprüchliche und kontroverse Meinungen glattzubügeln. Ich möchte nicht ausblenden, was mich so bedrückt und auch ängstigt. Ich möchte mich nicht so lange ablenken, bis ich die bohrenden Fragen so weit an den Rand gedrängt habe, dass sie kühle wiederkehrende Routine geworden sind oder sich wieder verziehen wie ein störender Geruch. Gott sei Dank, wir haben das offene Wort, von der Kolumne bis zur Kanzel. Ich brauche das, um meine eigenen Fragen zu klären und hoffentlich einen Schritt weiterzukommen, vielleicht sogar zwei. Ich will so etwas sagen wie: »Das könnte ich vertreten.« Es berührt mich, was Menschen bewegt angesichts von Krieg und Leid, wie sie ringen um ihre Haltung, um ihre Begründungen. Sie sprechen oft aus, was ich nur denke. Vielleicht ist es für sie eine Art Katharsis, eine innere Reinigung der Seele, wie bei uns das Gebet. Ja, in solchen Zeiten gewinnen Gebete an Intensität und Tiefe. Ich spüre Empathie und lasse es an mich heran, wenn die Publizistin Carolin Emcke sich um ihre Freundin in Gaza sorgt und sie die letzte Sprachnachricht abhört und danach nur noch kaum aushaltbare Stille ist, und diese letzten Worte lauten: »Wir haben Rechte, wir sind kein humanitärer Fall.« Dann stelle ich mir vor, plötzlich stünden da Namen. Die Namen aller Menschen, die dem Hass und dem Krieg zum Opfer gefallen sind. Aber besser, die Namen stehen da nicht. Ich bin dankbar, dass sie da nicht stehen. Es ist nicht auszuhalten. Aber ich weiß, dass Gott sie kennt. Und ich denke an jenen großen Roman, in dem David Grossmann uns mitnimmt nach Israel, in den Alltag von ganz normalen Menschen, mitten im jüdisch-palästinensischen Konflikt. Er erzählt, wie eine Frau vor der Mitteilung flieht, dass ihr Sohn während seines Militärdienstes bei einem Einsatz ums Leben gekommen ist. Eine Realität, die sie nicht einmal als Möglichkeit denken will, bis es nicht mehr anders geht.

Gehen wir noch einmal zurück zu den erschütternden Zeugnissen aus der Ukraine seit jenem Tag X. »Gebt uns die Waffen, um diesen Krieg zu töten«. Ich kann dazu nicht mehr Nein sagen. Ich kann mich nicht mehr weigern, bis zu diesem Ja zu denken. Unbezwingbar erscheinen mir die Gesetze dieser Welt. Ich bedauere, aber so ist es. Unermessliches Leid steckt hinter diesem Ausspruch der ukrainischen Zeugin, man kann es nur ahnen, aber auch Entschlossenheit und Mut. Was nicht wieder sein darf in meinen Augen, ist eine neue Verehrung von Heldentum auf Schlachtfeldern oder militärischer Technik!! Das ist für mich tabu. Erziehung zu Frieden und Gewaltfreiheit muss immer die christliche Überzeugung bleiben. Krieg soll um Gottes Willen nicht sein, Krieg ist niemals Normalität. Das Gebot dürfen wir nicht ohne die allergrößte Not umstoßen. Mit diesem Ja-Aber, das im Ernstfall dabei herauskommt, muss ich leben.

»Die weißen Tauben sind müde ... und ihre Schnäbel sind längst leer ... jedoch die Falken fliegen weiter.«
Das bittere Lied möchte ich nicht mehr singen. Es gibt genug Bitterkeit. Vertonen würde ich, wenn schon, Psalm 85. »Da ist ein Sehnen tief in uns«, das können wir singen, in vielen verschiedenen Fassungen und Sprachen. Die Verse aus Psalm 85 können wir immer wieder lesen und die Gebete von allen Seiten aufnehmen. Die Gebete und Bemühungen jenseits dieser oder jener Grenze sind mir wichtig, die Menschen, die ihren Friedenswillen nicht begraben. Dazu gehören die widerständigen Menschen auf besetztem Land in Palästina, ihre Schilder mit den Worten: »Wir weigern uns, Feinde zu sein.« Dazu gehören alle Menschen guten Willens, die sich weder in naiver Schwärmerei noch im unerbittlichen Realismus verlieren, der alles begräbt, wenn man es zulässt. Weil diese Menschen mit uns zusammen die Spur halten, so wie wir es in Jesu Namen tun und uns anlehnen an die Hoffnung jedes Psalms und jedes Liedes, das vom Frieden spricht.

Schöpfung

Gott ist ein Astronaut
Predigt über Gen 9,8–14

Markus Engelhardt

Predigt am letzten Tag der Installation »Gaia« des britischen Künstlers Luke Jerram in der Dresdner Frauenkirche (2023)

Liebe Gemeinde,
»Und Gott sprach: Meinen Bogen habe ich gesetzt in die Wolken. Der soll das Zeichen sein des Bundes zwischen mir und der Erde.« Feierlich klingt das, und schön. Zu schön inzwischen, um noch wahr zu sein? »Solange die Erde steht, sollen nicht aufhören Saat und Ernte, Frost und Hitze, Sommer und Winter, Tag und Nacht.« Mit diesem ehernen Gottesversprechen hat im Kapitel davor die berühmte Geschichte von der Sintflut geendet. Klingt dieses Versprechen mit Blick darauf, wie es heute um unsere Erde steht, nicht fast schon zynisch? Man braucht nur an die viel zu niedrig und träge dahinfließende Elbe zu denken und an die brennende Sächsische Schweiz im vergangenen Sommer, um zu sehen, dass das Wechselspiel von Saat und Ernte, Frost und Hitze, Sommer und Winter so verlässlich nicht mehr ist.

I.
Heute geht »Gaia« zu Ende. Ein letztes Mal ist sie bei uns zu bewundern, die überwältigende Installation von Luke Jerram. Sie hat uns einen Zustrom beschert wie seit vielen Jahren nicht mehr; manche fühlten sich an den Mega-Hype der ersten Jahre der wiedererrichteten Frauenkirche erinnert. Gaia zeigt uns Mutter Erde so, wie sie vor über fünfzig Jahren die Astronauten, genauer: die Mondfahrer unter ihnen mit ehrfürchtigem Staunen gesehen haben. Seither nennt man die Erde den Blauen Planeten. Die Älteren werden es noch erinnern, wie das damals war, als die ersten Menschen auf dem Mond landeten. Deshalb jetzt eine kleine Zeitreise zurück in den Juli 1969.
Wer es bewusst erlebt hat, weiß es noch: was er damals wo mit wem gerade gemacht hat. Die Mondlandung hat sich ins kollektive Gedächt-

Foto: Abdruck mit freundlicher Genehmigung der Stiftung Frauenkirche Dresden; Foto: © Oliver Killig

nis eingegraben wie die Ermordung von John F. Kennedy, wie der Tag, als die Mauer fiel, oder wie 9/11. Man sagt, nach dem ersten globalen Medien- und Fernsehereignis, der Krönung der Queen 1953, sei die Mondlandung das zweite gewesen, das die ganze Welt auf ein Ereignis hin fasziniert habe. Außer den Chinesen – in China, damals in den Wirren von Maos Kulturrevolution ein hermetisch abgeriegeltes Land, wurde die Mondlandung offiziell verschwiegen. Erst Jahre später haben die Chinesen davon erfahren. Undenkbar heute, aber im analogen Zeitalter funktionierte das noch. 600 Millionen Menschen weltweit haben sich damals live vor den Bildschirmen versammelt. Heute nichts Besonderes, ein WM-Finale hat Milliarden Fernsehzuschauer. Vor fünfzig Jahren aber eine gewaltige Zahl. Viele hatten damals noch keinen Fernseher. Wir auch nicht. Man lud sich bei Nachbarn ein, die bereits stolze Besitzer dieses Zauberkastens waren. Oder man wurde noch kreativer. Ich war damals acht und habe bis heute vor Augen, wie mein Vater aufgeregt das Fernglas nahm und sich ans Fenster begab, um von dort Einblicke ins Wohnzimmer des Hauses auf der anderen Straßenseite zu erhaschen, wo ein TV-Schirm flimmerte. Ein so rührendes wie sinnloses Unterfangen. Die Bilder, die die NASA lieferte, waren schrecklich verwackelt und unscharf. Die TV-Moderatoren hatten es schwer, etwas in dem diffusen Geflimmer zu erkennen und geeignete Experten für das Jahrtausendereignis zu finden. Der ORF zog einen HNO-Arzt zu

Rate, Herbert Pichler hieß der Mann. Er wurde den Zuschauern als »Hobby-Astronom mit profundem Wissen« präsentiert. Die Österreicher kalauerten ihn zum »Hals-Nasa-Ohrenarzt« um.

II.

Jeder kennt den Satz, den Neil Armstrong gesagt hat, als er seinen Fuß auf den staubigen Boden im »Meer der Ruhe« aufsetzte: »That's one small step for a man, but one giant leap for mankind.« Eigentlich eine schlichte Aussage ohne Hintersinn. Dennoch einer der berühmtesten Aussprüche, die jemals ein Mensch getan hat. Auf eigenartige Weise zueinander gehörig fühlten sich die Menschen damals, die zuschauen konnten. Einer Menschheit zugehörig, die mit Armstrongs Worten nicht nur in der Zuschauerrolle war, sondern mit seinem kleinen Schritt auf den Mondboden selbst einen Riesenschritt tat. Die Astronauten entdeckten aber noch eine ganz andere, überraschende Zugehörigkeit. Sie flogen damals ins All, um den Mond zu finden. Sie fanden noch etwas anderes, Größeres: Mutter Erde. Sie sahen sie aufgehen, eine kleine blaue Kugel im All. Von weit oben gut zu erkennen: Wasser und Land, Wolken, Nacht und Tag und keine Grenze nirgendwo. Winzig und ausgeliefert wirkt die Erde, wenn man sie im All betrachtet, haben viele Astronauten gesagt. Ein Lebensschiff in einem Meer von Dunkel und Stille.

Den Mondfahrern ging es da wie der Besatzung von Apollo 8, ein halbes Jahr vorher an Weihnachten 1968. Das war der erste Apollo-Flug, der die vertraute Erdumlaufbahn verlassen hatte, den Mond umkreiste und damit erstmals den Blauen Planeten ins Blickfeld bekam. So wie wir ihn heute in dieser Kirche bewundern können. Jim Lovell, einer der Apollo 8-Astronauten, hat später gesagt: »Als ich aus der Ferne diesen wunderbar leuchtenden blauen Planeten sah, erfasste mich ein heftiges Glücksgefühl, dass Gott mir Dasein geschenkt hatte auf dieser Erde. Und ich beschloss, für mein weiteres Leben zu tun, was ich konnte, damit dieser Planet bewahrt wird und die Menschen auf ihm menschenwürdig leben können.«

Fast wortgleich haben es nach ihm viele Astronauten gesagt. Bis zu Alexander Gerst aus Deutschland, der vor drei Jahren auf der ISS-Raumstation war und von dort in einen Brief an seine noch ungeborenen Enkel schrieb. 400 km über ihrer Oberfläche schaut er auf die Erde und beschreibt ihre zerbrechliche Schönheit. Er schreibt: »Ich muss mich bei euch, meinen Enkeln in der Zukunft, entschuldigen. Es sieht so aus, als würden wir euch unseren Planeten nicht im besten Zustand hinterlassen. Ich hoffe für euch, dass wir noch die Kurve kriegen. Dass wir nicht bei euch als die Generation in Erinnerung bleiben, die egoistisch und rücksichtslos die Ressourcen aufgebraucht hat. Die einfachen Erklärungen sind oft die falschen. Die eigene Sichtweise ist immer unvollständig. Die Zukunft ist wichtiger als die Vergangenheit. Und für Dinge, die es wert sind, muss man auch einmal ein Risiko eingehen. Was ich will und was jeder wollen sollte: die Zukunft durch eure Augen sehen und so diese Zukunft möglich machen«.

Vielleicht würde es helfen, wenn wir alle so auf die Erde schauten. Vielleicht ist es gar nicht so schwer, die Augen zu schließen und sich den Anblick der Erde vom Mond aus vorzustellen. »Planet earth is blue and there is nothing I can do« – sang David Bowie gerade zu der Zeit, als Neil Armstrong und Buzz Aldrin ihre Füße auf den Mond setzten. Damals waren Fortschrittsoptimismus und Technikgläubigkeit noch ungebrochen. Heute fühlen viele so wie der Sänger: Die Erde ist blau – und ich kann nichts tun. Blau ist ja nicht nur eine schöne Farbe. Wenn einer niedergeschlagen ist, hat er den Blues. Das bedeutet: Traurig, verlassen, hoffnungslos. Last Generation.

III.

Und was ist es mit Gott in dem allen? Die USA sind immer noch ein frommes Land, für unsere Verhältnisse irritierend religiös aufgeladen. Ich sehe noch vor mir, wie jedes Mal, wenn eine Apollo-Besatzung wieder glücklich im Pazifik gelandet und auf dem Flugzeugträger eingetroffen war, als allererstes ein Pastor ein Dankgebet sprach. Alle senkten andächtig die Köpfe. Und als im April 1970 die Besatzung von Apollo 13 in schlimme Turbulenzen geriet (»Houston, wir haben ein Problem!«) und tagelang ungewiss war, ob sie es wieder zur Erde zurückschaffen würden, waren zig Millionen in den Kirchen.

Aber Gott ist da wohl noch auf andere Weise mit drin als bloß in der Rolle des gnädigen Bewahrers. Ich sage es mal theologisch unorthodox: Gott ist ein Astronaut. Ein Weltraumfahrer auf Patrouille, ein Major Tom. So hieß der einsame Astronaut in David Bowies Liedern. Einer, der sich in das Blau der Erde verliebt hat. Einer, dem die Verletzlichkeit der Welt und ihrer Menschen, Tiere und Pflanzen das Herz umstülpt. So dass er eines Tages, »als die Zeit erfüllt war« (Gal 4,4), beschloss, selbst seinen Fuß auf die Erde zu setzen. In der römischen Provinz Palästina, wo der Erdboden wie da oben auf dem Mond auch sehr staubig ist. Menschen landeten vor 54 Jahren auf dem Mond – Gott ist längst auf der Erde gelandet. »Welt ging verloren, Christ ist geboren«: Gott hat Heimweh nach dieser Welt. Deshalb sucht er die Erde, und er sucht Menschen, die sich anrühren lassen von der kostbaren Schönheit und von der extremen Verletzlichkeit der kleinen blauen Kugel im All. Und die über all dem, was einen traurig und bitter machen kann an der Art, wie wir Menschen so unterwegs sind auf dieser blauen Kugel, dennoch nicht verzweifeln oder zynisch werden. Sondern die beherzt die Ärmel hochkrempeln und an ihrem Ort tun, was sie tun können. Und so ihre Antwort geben auf Gottes Versprechen: »Solange die Erde steht, sollen nicht mehr aufhören Saat und Ernte, Frost und Hitze, Sommer und Winter, Tag und Nacht.«

Für unser Heil, das ist ein Herzstück des evangelischen Glaubens, können wir nichts tun. Weil Gott dafür schon alles getan hat. Als er am Kreuz festgenagelt hing und sich den verführerischen Einreden, herabzusteigen, verweigerte und diesen kleinen Schritt von der Erhöhung ans Kreuz wieder herunter auf den Erdboden nicht tat, da war eben dieser verweigerte Schritt ein »giant leap for mankind«, ein unendlicher Schritt für uns Menschen. Zu unserem Heil eben.

Aber gerade weil wir für unser Heil nichts tun können, sollen wir für unser Wohl, für ein gutes, menschenwürdiges Dasein auf dieser Erde umso mehr tun. Ob das historische Faktum, dass Menschen den Mond gefunden haben, für das Wohl der Menschheit viel bewirkt hat, steht dahin. Was nicht zu bezweifeln ist: 54 Jahre später ist nichts so wichtig, als dass wir Menschen die Erde finden und für ihr, für unser Wohl viele kleine, aber auch große Schritte auf ihr tun. Damit doch wieder möglich wird, was ich bei einer »Fridays for future«-Demo auf dem Plakat eines jungen Mädchens las: »Make our earth cool again!« Dazu helfe uns Gott.

Die vergiftete Schöpfung

Wolfram Braselmann

Am Anfang schuf Gott Himmel und Erde, und er schuf die Erde als glühende Kugel im Weltraum. Und in unendlich langer Zeit kühlte die Erde ab, und Gott schuf das Leben auf der Erde, die Vegetation und die Tierwelt, Wälder und Meere, Ströme und Wüsten. Und Gott sah an, was er gemacht hatte, und siehe, es war sehr gut.

Und Gott schuf unsere Heimat, ließ die Weser fließen und die Rehburger Berge sich auffalten, schuf Wiesen und Wälder und Moore und Bäche. Und es war gut in seinen Augen.

Und Gott schuf den Menschen, ließ ihn die Erde bewohnen und bebauen, und der Mensch besiedelte auch unsere Heimat, gründete Ortschaften, baute Häuser, legte Äcker und Gärten an. Und der Mensch lebte und arbeitete in Liebe und Leid, in Angst und Zuversicht, in Glauben und Zweifeln, und hatte sein Leben und Sterben in unserer Heimat jahrhundertelang. Und Gott sah es an, und es war gut in seinen Augen.

Und der Mensch schuf Straßen und Maschinen, schuf Autos und Fabriken weit weg von hier, und er schuf Produkte, die ihm das Leben leichter machten. Und indem er all diese Dinge schuf, da schuf er auch Gifte, die sein Leben bedrohten, die die Wälder und Wiesen bedrohten, die Äcker und die Gärten.

Und Menschen brachten einen Teil dieser Gifte in unsere Heimat, brachten sie dort unter und hofften, es werde nichts geschehen. Doch es hieß, die Gifte drohten, in die Erde einzudringen und Wälder und Bäume und Wiesen zu verseuchen.

Und es waren Menschen, die sagten: Lasst es liegen, irgendwo muss es ja hin, warum nicht hierhin, es wird schon nicht so schlimm kommen.

Und es waren Menschen, die bekamen es mit der Angst und warnten vor den Giften in der Natur und wollten verhindern, dass ein Stück Erde, das Gott geschaffen hatte, wie eine offene Wunde dalag.

Und man las in der Zeitung, dass es auf Messers Schneide stehe, ob dort weiter Gifte gelagert werden, oder nicht mehr.

Da fragten sich viele Menschen, was sie um Gottes Willen tun sollten. Was sie tun sollten, dass ihre Heimat so bleiben konnte, wie sie es einmal in Gottes Augen gewesen war: Sehr gut.

Gottesdienst zum Hubertustag
Predigt über Gen 8,22

Wolfram Braselmann

Liebe Mitglieder der Jägerschaft, liebe Jagdgenossen, liebe Gemeinde!
Dieser alte Text aus dem Anfang der Bibel erzählt vom Anfang der Welt
und vom Anfang der Menschheitsgeschichte: Wie er, Gott der Herr,
sich nach dem Wort der Bibel festlegt: festlegt auf den Rhythmus seiner Welt, die Wiederkehr von Sommer und Winter, von Tag und Nacht,
des Lebens insgesamt.

Und die Jagd, sie hat eben von Anfang an das Leben und die Menschheitsgeschichte begleitet und bestimmt: Als es noch keine EDV-Exper-
ten gab, keine Mechatroniker, keine Tischler und keine Schmiede, nicht
einmal den Bauern: Da war der Jäger schon da.

In der Jagd, auch heute Morgen in diesem Gottesdienst, begegnen wir
einem Urthema der Menschheit, und so auch diesem Gedanken daran,
wie das Leben dahingeht im Rhythmus der Natur:

Im Kommen und Gehen, in Sommer und Winter, in Frost und Hitze:
Der Jäger kann gar nicht anders, als so seiner Profession nachzuge-
hen: mit diesem Rhythmus und nicht dagegen. Da ist die Setzzeit, die
Brunftzeit, die Zeit der Jagd, die Zeit der Hege: der Rhythmus, wie
vom Leben selbst. Und wahrscheinlich erfährt der Jäger mit am ersten,
wenn da etwas nicht mehr in Ordnung ist in seinem Revier: wenn da
Bäume verdorren, Quellen versiegen, wenn da das Fallwild an den Straßen liegt, wenn Büsche verschwinden, und damit eben auch das Wild,
Sinn und Grundlage der Jagd.

Dass ein jeder Eingriff in die Natur seine Gefahren hat, dass man das
nur behutsam anfangen darf, um der eigenen Existenz als Jäger willen:
Vielleicht ist ja der Jäger der erste, der das versteht, und in der heutigen
Zeit ganz besonders.

Auch deshalb ist die Jagd wohl nicht zu denken ohne den Gedanken
der Ehrfurcht, der Ehrfurcht vor der Natur, dem Leben, der Schöpfung, und damit eben auch vor dem Schöpfer selbst. Dass der Jäger den
Schöpfer im Geschöpf ehrt, das ist ein alter Gedanke, in der Jägerschaft
überliefert, und heutzutage sicher aktueller denn je.

Dass das Rotwild, dass die Schnepfe, dass der Dachs kein Luxus sind, den man haben kann, auf den man aber auch verzichten kann, das werden viele gerade in unserer Zeit neu lernen müssen. Der Gedanke, dass und wie in der Schöpfung alles mit allem verbunden und vernetzt ist, wie man das heute nennt: Wir alle werden das immer neu lernen müssen.

Wenn der Borkenkäfer im Wald überhandnimmt: Dann ist mehr bedroht als nur ein paar Kiefern. Dann ist das ein Indikator – so nennt man das – dafür, wie der gesamte Zusammenhang der Schöpfung bedroht ist. Und wie dies lebendig ist in der Jägerschaft, daran erinnert die alte Legende von Hubertus, den man den Schutzheiligen der Jäger nennt.

Er soll in grauer Vorzeit ein großer Jäger gewesen sein, damals im Mittelalter. Er soll Wild in Massen geschossen haben und Trophäen gesammelt. Und stolz darauf gewesen sein, dass das so war. Doch dieser Hubertus ist nicht zum Patron, zum Leitbild der Jäger geworden, weil er so viele Hirsche und Wildschweine, so viele Hasen und Rehe geschossen hat, weil er so viele Trophäen gesammelt hat. Sondern weil da ein Tag war bei einer Jagd, da begegnete er einem Hirsch, den er nicht geschossen hat. Das wird so erzählt: Einmal, auf einer Lichtung im Wald, hatte er gerade auf einen kapitalen Hirsch angelegt. Doch da erblickte er im Geweih, zwischen den beiden Stangen, ein Kreuz. Und um dieses Kreuzes willen hat er die Waffe niedergelegt. Als ob ihm dies Zeichen des Kreuzes im Geweih gesagt hätte: Leben, auch das Leben des Wildes, ist heilig. Es ist nicht nur dazu da, geschossen, erlegt, verbraucht zu werden. Es ist dazu da, geschont, gehegt, behutsam behandelt zu werden. Und so ist Hubertus Leitbild und Patron der Jäger geworden um des einen Hirschen willen, den er nicht geschossen, den er geschont hat.

Die kirchliche Überlieferung hat ihn deshalb zum Patron der Jäger gemacht: Denn das Kreuz ist ja das Symbol auch der Verletzlichkeit, der Gefährdung alles Lebens. Und deshalb bedeutet die alte Geschichte vom großen Jäger Hubertus, an die wir uns auch in diesem Hubertusgottesdienst erinnern: Schon damals war die Hege, die Erhaltung des Wildes und der Natur, der schonende, behutsame Umgang damit genau so wichtig wie die Jagd selbst, ja dies war und dies bleibt ein Teil davon. Ohne Hege keine Jagd.

Und so ist die Jagd eben nicht ein mehr oder weniger belangloses Hobby, sondern sie ist etwas, an dem wir, Jäger und Nicht-Jäger, gemeinsam etwas erfahren können: die Verantwortung für die Schöpfung, die uns ein Schöpfer anvertraut hat, jedes Stück unseres Reviers, ja all das, was wir Schöpfung nennen. Geschenkt und anvertraut von einem Schöpfer, dem wir danken und vor dem wir uns verantworten. Eine zentrale Erkenntnis, auch und gerade wieder in unseren Tagen.

Unter Bäumen
Konfirmationspredigt

Christoph Kock

I. Unter toten und lebenden Bäumen

Ein sonniger Tag im letzten Oktober. Ich stehe vor einem Wegweiser. Das weiße R steht für den Rennsteig. Das ist beruhigend, ich
bin also richtig gelaufen. Da ist der Ort, an dem ich heute Morgen
gestartet bin. Neuhaus am Rennweg. Fast dreizehn Kilometer bin ich
auf dem Wanderweg schon gelaufen. Da ist das Ziel, das ich heute
erreichen möchte: noch 8,5 Kilometer bis Steinbach im Wald. Das ist
zu schaffen, auch wenn ich meine Füße schon spüre. Und dann fällt
mein Blick auf ein Schild ohne Pfeil. Das Grün etwas dunkler als die
Schilder mit den Ortsnamen. Ebenfalls weiß umrandet. Darauf steht:
»Klimawandel: alle Richtungen«. Hinter dem Wegweiser erstreckt
sich eine kahle Fläche. Da standen Nadelbäume. Vermutlich gestor-
ben und abgeräumt. Dahinter ein Gebiet mit Fichten, alle gleich-
hoch und gleichalt. Ein Drittel ist braun. Baumskelette. Der heiße
und trockene Sommer hat seine Spuren hinterlassen. Die Fehler der
Vergangenheit. Fichtenplantagen statt Wald. Gepflanzt für schnelles
Holz. Die Bäume verdursten, der Borkenkäfer gibt ihnen den Rest.
Sie passen nicht in den Thüringer Wald, der jetzt über Strecken wie
eine Mondlandschaft wirkt. Es ist nicht die erste geräumte Fläche,
die mir ins Auge fällt, und wird nicht die letzte sein. »Klimawandel
alle Richtungen« – das ist beunruhigend. Ich gehe weiter. Nach drei
Kilometern beginnt ein Stück Laubwald. Der Weg liegt im Schatten,
führt unter hohen Buchen entlang. Am Abend lese ich vom geheimen
Leben der Bäume. Peter Wohlleben, Förster und inzwischen Autor,
beschreibt Bäume als soziale Wesen, die miteinander kommunizieren
und sich gegenseitig mit Nährstoffen unterstützen. Wohlleben weiß,
welche Bilder wirken, spricht vom »Wood-Wide-Web«, vergleicht also
den Wald mit dem Internet. Es ist spannend, seinen Gedanken zu
folgen. Bäume, schreibt er, haben ein Gedächtnis und Gefühle, sorgen füreinander, reagieren auf ihre Umwelt. An was für interessanten

Lebewesen bin ich heute vorbeigelaufen, die nach wie vor viele Fragen offenlassen. Die anders ticken, als es auf den ersten Blick erscheint.

II. Unter erschöpften Leuten

Einem der biblischen Propheten hätten solche Wald-Gedanken gefallen. Blühende Bäume sind für ihn ein Zeichen des Lebens, wie Gott es auf den Weg gebracht hat. Was für ein Gegensatz zu dem, was dieser Prophet vor Augen hat! Wie es im Land aussieht: Der letzte Krieg hat deutliche Spuren hinterlassen. Verkohlte Stümpfe, so weit das Auge reicht. Verbrannte Erde, kriegsbedingter Kahlschlag. Die Menschen sind erschöpft. Überleben ist anstrengend. Dafür zu sorgen, dass man Essen auf dem Teller, ein Dach über dem Kopf und einen Platz zum Schlafen hat. Das zehrt die Kräfte auf. Für große Pläne haben sie keinen Kopf. Gott ist ihnen mehr als fraglich geworden. Der Gott, der sagt: »Ich habe mein Volk aus der Sklaverei herausgerufen, damit es frei sei. Ich rufe euch aus den Toten, damit ihr leben werdet.« Ihr Gott, der so redet? Gott erscheint so weit weg.

Der Prophet geht unter die Leute, weil er ihnen etwas zu sagen hat. In Gottes Namen. Im Jesajabuch heißt es in Kapitel 55 (8–13):

»Meine Gedanken sind nicht eure Gedanken, und eure Wege sind nicht meine Wege, spricht der HERR, sondern so viel der Himmel höher ist als die Erde, so sind auch meine Wege höher als eure Wege und meine Gedanken als eure Gedanken. Denn gleichwie der Regen und Schnee vom Himmel fällt und nicht wieder dahin zurückkehrt, sondern feuchtet die Erde und macht sie fruchtbar und lässt wachsen, dass sie gibt Samen zu säen und Brot zu essen, so soll das Wort, das aus meinem Munde geht, auch sein: Es wird nicht wieder leer zu mir zurückkommen, sondern wird tun, was mir gefällt, und ihm wird gelingen, wozu ich es sende. Denn ihr sollt in Freuden ausziehen und im Frieden geleitet werden. Berge und Hügel sollen vor euch her frohlocken mit Jauchzen und alle Bäume auf dem Felde in die Hände klatschen. Es sollen Zypressen statt Dornen wachsen und Myrten statt Nesseln. Und dem HERRN soll es zum Ruhm geschehen und zum ewigen Zeichen, das nicht vergehen wird.«

III. Gottes Wort: weit weg und wirksam

Himmel und Erde sind weit voneinander entfernt. Das lässt sich weder in Kilometern noch in Lichtjahren messen. Doch Gott ist zu finden, aber bleibt auf Abstand, verlangt von Menschen, dass sie lernen zu unterscheiden: Gottes Gedanken und der Menschen Gedanken; Gottes Wege und der Menschen Wege. Dazwischen liegen Welten. Gott spielt in einer anderen Liga. Höher, weit entfernt, anders. Und doch tritt Gott zu seinem Volk in Beziehung. Durch das, was er zu sagen hat.

Der Prophet vergleicht Gottes Wort mit Wasser. Beides wirkt in einem Kreislauf. Ermöglicht Leben. Stillt Durst und Hunger. Das Wasser sorgt auf seinem Weg zwischen Himmel und Erde dafür, dass Menschen neues Saatgut erhalten und Brot backen können. Und Gottes Wort? Es wirkt ebenfalls, aber anders als erwartet. Auf dem Weg von Gott zu den Menschen und zurück zu Gott macht es lebendig, jenseits der Spirale von Hass und Gewalt. Statt von Vergeltung ist von einem Frieden die Rede, der die Natur einbezieht und in der Natur zu erkennen ist. Jubelnde Landschaften und blühende Bäume werden das ewige Zeichen dieses Friedens sein. Ein Neubeginn unter anderen Vorzeichen. Sehnsucht wächst.

Bäume, die in die Hände klatschen. Was für ein eigenwilliges Bild hat der Prophet da im Kopf! Auch wenn noch offen ist, was für Wesen Bäume genau sind: Sie haben keine Hände. Gottes Frieden, ein Ding der Unmöglichkeit? Und doch vergleichbar mit dem, was Menschen vor Augen haben. Bäume, die grünen und blühen. Was für ein Kontrast zu den verkohlten Stümpfen, die der Krieg hinterlassen hat. Ein grünender Baum, das blühende Leben.

IV. Von Bäumen und Menschen

Ich höre: Schaut die Bäume an – sie tragen Gottes Wunder und Wunden.

Ich höre: Lasst neue Bäume wachsen – und ihr setzt, so Gott will, Segen ins Werk.

Ich höre: Wo Gottes Wort zum Aufbruch ermutigt, da kann Neues wachsen. Da wachsen Menschen wie Bäume, da wächst auch Gottes Wort wie ein Baum. Langsam, stetig, nachhaltig. Ihr müsst es nur zulassen.

Wer glaubt, setzt auf Bäume? Selbst wenn der Retter in Person naht, der Christus, der Messias. »Jeder Baum zählt.« Ein jüdischer Gelehrter wie Jesus, geboren im selben Jahrhundert, sagte: »Wenn du gerade einen jungen Baum in der Hand hast und man zu dir sagt: Da kommt der Messias! Pflanze dann zuerst den jungen Baum, und gehe ihm [erst] danach entgegen.« (Zit. von Yehuda Aschkenasy u.a., Die jüdischen Feste, Uelzen 2010, 258)

Bäume pflanzen. Als Ausdruck des Glaubens. Als Barriere gegen Wüsten. Als CO_2-Speicher. Es gibt viele gute Gründe. Dafür sorgen, dass Bäume alt werden. Uralt. Als Ausdruck des Glaubens, der zwar Berge versetzt, aber Bäume in Ruhe wachsen lässt. In der Einsicht, dass das Leben ein Geschenk ist und über mein eigenes weit hinaus geht. Als natürliche Klimaanlage. Es gibt viele gute Gründe. Wer glaubt, setzt auf Bäume.

Liebe Konfirmandinnen und Konfirmanden, ich hoffe, dass auch ihr irgendwann zu denen gehört, die Bäume pflanzen und bewahren. Damit es sich auf dieser Welt leben lässt. Wir als Kirchengemeinde haben für jede und jeden von euch die Patenschaft für 1 Quadratmeter Wald in der Eifel übernommen, damit er in den nächsten 50 Jahren geschützt ist und die Bäume darauf alt werden können. Unser Geschenk zu eurer Konfirmation. Links zum Projekt und zum Standort bekommt ihr mit eurer Konfirmationsurkunde. Damit ihr euch erinnert: Wer glaubt, setzt auf Bäume.

Literatur:
Ruth Poser, Biblische Baumschule, GPM 77 (2022), 140–147
Peter Wohlleben, Das geheime Leben der Bäume, München [4]2015
Peter Wohlleben, Der lange Atem der Bäume. Wie Bäume lernen, mit dem Klimawandel umzugehen – und warum der Wald uns retten wird, wenn wir es zulassen, München 2021

Tiere

Verletzlichkeit
Predigt in der Passionszeit

Christoph Ammann

Während der Passionszeit und Ostern 2023 fanden jeweils sonntags in der Zürcher Kirche St. Peter Gottesdienste zum Thema »Verletzlichkeit« statt. U. a. predigte Pfarrer Dr. Christoph Ammann, Präsident des Arbeitskreises Kirche und Tiere (AKUT) über das Thema: »Ist der andere nur der Mitmensch? Und: Welchen Platz hat die Verletzlichkeit unserer tierischen Mitgeschöpfe in einer christlichen Ethik?«

Thematische Hinführung (Auszüge)

Wenn wir über Verletzlichkeit nachdenken, kommen wir nicht umhin, uns einzugestehen, wie sehr wir uns schwer tun mit dieser Verletzlichkeit. Wie sehr es uns eigentlich gegen den Strich geht, dass wir leibliche, sterbliche, abhängige Wesen sind.

Die französische Philosophin Corine Pelluchon, die ich in der Predigt erwähnen werde, schreibt: »Die Beherrschung von allem, was sich dem eigenen Willen und der Vorhersagbarkeit entzieht, die panische Angst vor dem Altern und seinen körperlichen Veränderungen wie auch vor Behinderungen, der Wunsch, das Genom zu verändern, die Tatsache, dass Frustration als Niederlage und der Tod als Ungerechtigkeit empfunden werden – all das kennzeichnet das Selbstverständnis von Menschen, die nur die individuelle Dimension des Daseins wahrzunehmen vermögen. [...] Dieser Wunsch nach Kontrolle, der auch Ausdruck der Angst angesichts der eigenen Verletzlichkeit wie auch der Verletzlichkeit der anderen ist, geht einher mit der Versuchung, das Anderssein des Anderen zu verleugnen, mit dem Bedürfnis nach Herrschaft.«
Corine Pelluchon, Manifest für die Tiere, München 2020, 44

Die Gewaltverhältnisse, die Pelluchon hier im Blick hat, sind vor allem auch jene gegenüber den nichtmenschlichen Lebewesen – für Pelluchon die verletzlichsten Lebewesen, die zerbrechlichsten und die, die sich nicht selbst verteidigen können.

Pelluchon schreibt: »Tiere sind besonders verwundbar. Empfindlich für den Schmerz, für das Leiden, für die Langeweile, für die Verzweiflung, leben sie wie wir in der ersten Person, sie haben Interessen zu verteidigen, sie haben individuelle Vorlieben. Und wenn sie misshandelt werden, drücken sie ihr Leiden aus und leisten manchmal Widerstand [...] Allerdings sind sie unfähig, die Schlachthöfe zu schließen und ein System abzuschaffen, das [...] in der industriellen Massentierhaltung ihre Qualität als fühlende Wesen überhaupt leugnet. Dieses Leugnen erklärt, dass man ebenso wenig Rücksicht auf ihre Grundbedürfnisse wie auf ihre Individualität nimmt.«

Soweit Corine Pelluchon. Wir Menschen tun uns schwer, unsere eigene Endlichkeit und Verletzlichkeit zu akzeptieren, und in eins damit fehlt es uns an Verbundenheit mit den anderen verletzlichen Lebewesen, mit denen wir diesen Planeten bewohnen.
»Ich bin Leben, das leben will, inmitten von Leben, das leben will.« So hat es Albert Schweitzer, der Philosoph der »Ehrfurcht vor dem Leben«, einmal zum Ausdruck gebracht. »Ich bin Leben, das verletzlich ist, inmitten von Leben, das verletzlich ist«, so könnten wir es aktualisieren.

Predigt über Lk 10,25–37

Liebe Gemeinde, diese Geschichte vom sogenannten barmherzigen Samariter haben Sie sicher schon unzählige Male gehört. Muss es wirklich sein, dass wir sie hier ein weiteres Mal bemühen? Ja, ich glaube, das muss sein. An ihr kann man nämlich man sehr vieles zeigen, was für die christliche Ethik von zentraler Bedeutung ist.
Heute beschränke ich mich auf einen Vers, den Vers 34: »Ein Samaritaner aber, der unterwegs war, kam vorbei, sah ihn und fühlte Mitleid.«
Beim Priester, der vorher vorbeikommt, heißt es: »Er sah ihn und ging vorüber.« So auch beim Leviten: »Er sah ihn und ging vorüber.« Beim Samaritaner dagegen heißt es: »Er sah ihn und fühlte Mitleid.« Als er ihn sah, jammerte es ihn«, übersetzt Luther. Darin liegt also der ganze Unterschied: dass die einen nur sehen, die anderen dagegen durch diesen Anblick bewegt werden.

Das Verb, das hier im griechischen Urtext steht, heißt splanchnizomai. Und darin steckt das griechische splanchna, die Eingeweide. Man könnte also durchaus übersetzen: »Er sah ihn, und es ging ihm an die Nieren.«

Dieses Wort kommt im Neuen Testament zwölf Mal vor, und in den allermeisten Fällen ist es Jesus, der so innerlich bewegt wird, z. B. beim Anblick einer Volksmenge, die Hunger hat, oder beim Anblick eines Aussätzen, den er dann heilt. Und es steht auch im Gleichnis vom sogenannten »verlorenen Sohn«, und dort ist es bezeichnenderweise der Vater, den es beim Anblick des heimkehrenden Sohnes »jammert«, bevor er auf ihn zugeht, ihn umarmt und küsst.

Splanchnizomai hat eindeutige biblische, d. h. alttestamentliche Resonanzen. Da steckt die hebräische Wurzel racham drin. Das heißt so viel wie »Mutterleib«, oder im Plural rachamim heißt es auch Erbarmen.

Dieses Mitleid, das der Samariter empfindet, hat also nichts weniger als »göttliche« Resonanzen: Es ist genau diese Emotion, die auch Gott immer wieder empfindet. »Würde eine Frau ihren Säugling vergessen, ohne Erbarmen mit dem Kind ihres Leibs?«, heißt es bei Jesaja, und hier steht genau diese Wurzel racham – also ein leiblich empfundenes Verbundensein, hier mit dem eigenen Kind.

Dem Samariter geht die Not des Verwundeten am Wegrand ebenfalls zu Herzen, und dies, obwohl er doch eigentlich sagen könnte. »Who cares?« Obwohl er doch eigentlich sagen könnte: Was geht mich das Leid dieses Fremden hier an? Bin ich denn dieses Fremden Hüter? Schließlich verbindet mich nichts mit diesem Fremden – außer eben, dass mich der Anblick seines Leidens, auch wenn er ein Fremder ist, trifft und bewegt.

Das Mitleid, die Emotion, stellt also in unserer Geschichte diese Verbindung her, und wir spüren: Das Leid des anderen, seine Situation, geht uns etwas an. Die aktive Fürsorge für den anderen kommt nachher, auch in der Samaritergeschichte. Zuerst kommt das Wahrnehmen und Betroffen-Werden, dann – im nächsten Vers – das Sich-Kümmern um den anderen, das Verbinden der Wunden, der Transport auf dem Reittier.

Zuerst kommt das pathische Moment, das Getroffen-Werden; dann das aktive, das Tun, das Helfen. Das sollte uns hellhörig machen, gerade in der Passionszeit. Passion heißt ja Leiden. Und nicht von ungefähr wird dieses Mitleid, von dem in unserer Geschichte die Rede ist, im Lateinischen mit compassio, im Englischen als compassion und im Französischen mit compassion wiedergegeben.

Die Philosophin Corine Pelluchon, die ich heute schon einmal habe zu Wort kommen lassen, schreibt: »Das Mitleid aktiviert das Band, das zwischen jedem von uns und den anderen fühlenden Wesen besteht; es verläuft auf der Ebene der infra-verbalen Kommunikation und der archaischen Emotionen, die den wechselseitigen Identifikationen, den Vorstellungen von sich selbst und von den anderen sowie den Unterscheidungen nach Gattung, Klasse, Rasse und Art vorangehen. Das Mitleid, das noch vor der Reflexion da ist, ist, wie Claude Lévi-Strauss schreibt, der angeborene Abscheu, irgendein fühlendes Wesen unnütz leiden zu sehen, ein Abscheu und also ein Leiden für den anderen, das sich unabhängig von meiner sozialen Person bemerkbar macht.«

Corine Pelluchon, Ethik der Wertschätzung, Darmstadt 2019, 145

Wir sehen unmittelbar die Beziehung zu unserer Geschichte: Denn der Samariter lässt sich ja von etwas leiten, das tiefer geht als die Unterscheidungen, die Menschen voneinander trennen, wie eben jene zwischen einem »Rechtgläubigen« und »Irrgläubigen« – und dies scheint ja gerade eine von Jesu Pointen zu sein, dass der Samaritaner, der »Irrgläubige«, das Richtige tut, indem er sich die Not des Verwundeten zu Herzen gehen lässt.

Wir berühren hier nun einen ganz entscheidenden Punkt. Denn dieses »Mitleiden« mit dem anderen, das meint gerade kein hierarchisches Mitleid »von oben herab«. Es bringt eine ganz elementare Verbundenheit zum Ausdruck, die in der gegenseitigen Verwundbarkeit gründet. »Das da vor mir ist verwundetes Leben – genau wie ich verwundetes Leben bin.«

Genau so will auch Pelluchon das Mitleid verstanden haben: Sie charakterisiert das Mitleid als »zugleich natürlich und kulturell, affektiv und rational, tierisch und menschlich«. Gerade das Mitleid kann, so Pelluchon, das Individuum öffnen für die Schicksalsgemeinschaft, die es mit allen Lebewesen aus Fleisch und Blut verbindet. Eine Schicksalsgemeinschaft von Verletzlichen. – Wir sitzen alle im selben Boot, Menschen und Tiere. Das führt uns der Klimawandel vor Augen, und zugleich nötigt er uns, dieser Einsicht in die gegenseitige Verwundbarkeit auch Taten folgen zu lassen.

Dem Mitleid kommt also auch bei Pelluchon eine ganz besondere Bedeutung zu: »Das Mitleid aktiviert das Band, das zwischen jedem von uns und den anderen fühlenden Wesen besteht.«

Ebd.

Auch im Zentrum des christlichen Ethos, so legt die Samaritergeschichte nahe, steht nicht der selbstbewusste Mensch, der Herr im eigenen Haus ist, der alles unter Kontrolle hat und keine Schwäche kennt, der sich selbst und alle anderen als in sich abgeschlossene Individuen versteht. Nein, der Samariter unterscheidet sich vom Priester und Leviten gerade dadurch, dass er sich »erweichen« lässt, dass er sich die Not des anderen zu Herzen gehen lässt, dass er die Verbundenheit mit dem anderen fühlen, spüren kann.

Das Mitleid öffnet Menschen auf andere hin. Das Getroffen-Werden durch die Not der anderen ist es, diese Erfahrung der Passivität aktualisiert das Band mit dem anderen. Im Zentrum unseres Ethos' steht also der Mensch, der um die eigene Verwundbarkeit weiß – der weiß, wie es sich anfühlt, von anderen gequält oder gedemütigt zu werden, oder das zumindest erahnen kann. Der sensible Mensch, der weiß, wie sehr es schmerzt, verwundet zu werden, und der auch weiß, dass er selbst immer wieder andere verwundet, und der gerade darin das Band der Kreatürlichkeit spürt, das ihn mit allem Lebendigen verbindet.

»Ich bin Leben, das verletzlich ist, inmitten von Leben, das verletzlich ist« – so habe ich Albert Schweitzer aufgenommen.

Aber sind wir nicht besondere Wesen, wir Menschen? Ist da nicht etwas, das uns von Tieren unterscheidet? Ja, da sind Unterschiede, aber da ist nicht dieser Graben, der uns von Tieren trennt. Die gemeinsame Kreatürlichkeit konstituiert ein Band, das im Mitleid stets neu aktualisiert wird. Aber wir sind auf besondere Weise verwundbare Wesen, und wir verfügen gerade über eine besondere Art von Sensibilität. Die Bibel traut uns zu, Gottes Ebenbilder zu sein – Gott zu repräsentieren hier auf Erden.

Aber wie erweisen wir uns tatsächlich als Gottes Ebenbilder? Kurz gesagt: Indem wir uns an den halten, der im Kolosserbrief als »Ebenbild des unsichtbaren Gottes« (Kol 1,15) bezeichnet wird. Gerade in der Passionszeit sind wir gehalten, uns seinen Weg vor Augen zu halten, sein Herabsteigen in die Kreatürlichkeit, in Leid und Schmerz, bis zum Tod am Kreuz.

Jesu Weg war nicht der Weg des geringsten Widerstands; und es war nicht der Weg zur Herrschaft, in die Position des Mächtigen, der sich seine Umgebung unterwirft. Das war gerade eine der Versuchungen, denen Christus widerstanden hat. Von hierher müssen wir auch den

Herrschaftsauftrag neu in den Blick nehmen, der uns über die ganze Schöpfung gegeben ist. Denn der Wesenskern der Herrschaft Christi ist nicht die Herrschaft der rücksichtslosen Machtausübung, sondern die Herrschaft der Liebe. Nicht die Expansion der eigenen Macht, nicht das Durchsetzen des Rechts des Stärkeren, nicht das Unterwerfen des Fremden. Er ist jener Herrscher, der seinen Untergegebenen die Füße wäscht. Unsere Herrschaft über die Natur war und ist seit Jahrhunderten anderer Art. Sie ist ein rücksichtsloses Niedertrampeln, dem unzählige Arten zum Opfer fallen, jeden Tag neu. Wir setzen unsere Interessen durch, rücksichtslos. Und ohne Mitleid.

Am Ende der Samaritergeschichte gibt uns Jesus mit auf den Weg: »Gehe auch du und handle ebenso.« Er ermuntert uns, wie der Samariter zu handeln. Was das heißt, kann man auf viele Weisen ausbuchstabieren. Ich mache heute diesen Versuch:
»Schau mit den Augen der Liebe auf die Welt. Lass dich vom Leiden anderer bewegen. Hab den Mut hinzuschauen. Und trau dem Mitleid, das dich bewegt. Dann kommst du mit deiner eigenen Menschlichkeit in Berührung und spürst das Band, das dich mit allen Kreaturen verbindet.«

Von Tauben und anderen Tieren
Pfingstpredigt über Lk 3,21f.

Patrick Schwarzenbach

Liebe Gemeinde, in unserer Sprache spukt der Geist an vielen Orten. Wer zum Beispiel Esprit hat oder geistreich ist, wirkt ein wenig gewitzter und klüger als die anderen. Geistliche sind Menschen, die von Berufswegen mit dem Göttlichen und dem Feinstofflichen zu tun haben. Und bei Hegel gibt es sogar einen Weltgeist, der am Ende eines langen Prozesses zu sich selbst kommt. Daneben gibt es noch den Geist als Gespenst, den Lebensgeist, den Flaschengeist und den Klosterfrau Melissengeist.

Sie hören es, liebe Gemeinde: Der Geister gibt es viele, und der Geist ist schwer zu fassen. Und dies ist nicht nur in unserer Sprache so. Auch im Hebräischen und im Griechischen ist das Wort schwer zu packen. Die »ruach« im Hebräischen ist Atem, Hauch, Wind und Lebensgeist. Sie ist seit dem Anfang der Schöpfung dabei und wird den Menschen und Tieren eingehaucht, um sie von einem Klumpen Ton in ein Lebe-Wesen zu verwandeln.

Das »pneuma« (das griechische Wort) kann von Feuer über Atem und Wind bis zu Seele vieles heißen – und zeigt sich besonders in der Pfingstgeschichte als belebend und begeisternd. Es lässt die Jüngerinnen und Jünger in verschiedenen Sprachen reden und erscheint als kleines Flämmchen auf ihren Köpfen.

Im heutigen Text – und in unzähligen Bildern der Trinität – hat die Geistkraft aber noch einmal eine andere Form. Sie ist passend zu unserem heutigen Gottesdienst ein geflügeltes Tier: eine Taube. In der Lesung hieß es: Es geschah aber, dass der Himmel sich auftat und der heilige Geist in Gestalt einer Taube auf Jesus herabschwebte. Als regelrechte Taube kam die Geistkraft also auf Jesus und machte ihn zum Kind Gottes. Sie begeisterte und inspirierte ihn. Warum aber als Taube?

Zum einen, weil die Taube mit ihrem weißen ›Gewand‹, ihrem luftigen Flügelschlag und ihrer zarten, liebevollen Art etwas von der Qualität des göttlichen Lebensgeistes verkörpert. Der Geist Gottes ist also nicht gewitzt und klug, sondern lebendig, tastend und fein.

Zum anderen liegt es wohl an einer wunderbaren Übersetzung der Schöpfungsgeschichte aus dem Alten Testament, in welcher der Geist Gottes über der Urflut »brütet wie eine Taube«. Sie mögen sich vielleicht erinnern, dass in der Schöpfung am Anfang die Erde wüst und leer war – es herrschte das sprichwörtliche Tohuwabohu. Und über diesem Durcheinander, das etwas später als »tehom«, als Urflut, bezeichnet wird, schwebte der Geist Gottes.

Im Original heißt es: Finsternis lag über der Urflut, und Gottes Geist schwebte über dem Wasser. Nun kann das hebräische Wort für Schweben auch mit Brüten übersetzt werden. Und so gibt es im Judentum eine Auslegungstradition, welche diese Stelle so übersetzt: »Gottes Geist brütete wie eine Taube über der Urflut«. In einigen alten Mosaiken ist diese Taube über dem Wasser noch heute zu sehen.

Auf diese Tradition nahmen die Evangelisten wohl Bezug, als der Geist bei Jesu Taufe in der Form einer Taube zur Erde kam. Dieses kleine »nice to know« aus den Bibelwissenschaften verweist aber auf eine tiefere Wahrheit. Ich denke, es lohnt sich darum, noch ein wenig über diesem taubenhaften Geist zu brüten.

Zuerst einmal finde ich es ein faszinierendes Bild, welches uns das Alte Testament von der Schöpfung gibt: Diese wabernde Urflut, das nasse Chaos, und darüber Gott brütend wie eine Taube. Brütend, sicher auch im Sinne von Nachdenken und Nachsinnen, aber Brüten auch als Wärmen und Schützen und Warten. Und dann, krack, die Schale bricht und die Schöpfung schlüpft und beginnt zu wachsen. Das Leben kommt auf die Welt und in den Himmel. Die Pflanzen, Tiere und Menschen beginnen sich auszubreiten. Und sie alle bleiben laut der Schöpfungsgeschichte durch denselben Lebensgeist verbunden.

Der Geist brütet also weiter – diesmal nicht nur über, sondern auch in der Schöpfung. Damit bekommt auch unser Pfingstgeist eine ganz neue Qualität. Nicht nur hält diese Kraft all das Chaos, all die Zerstörung und das Leid, das wir uns und der Umwelt antun, unter weichen Federn geborgen, bis sich das Tohuwabohu endlich ganz in Leben verwandelt. Nein, seit Pfingsten wissen wir, dass Gott auch in uns brütet. Unsere eigene Entwicklung schützt und wärmt. Um ganz Mensch zu werden braucht es bekanntlich Gottes Hilfe. Das braucht es immer wieder: Schutz und himmlische Nestwärme. Gerade dann, wenn wir uns mit unseren kalten Seiten, mit dem Unfertigen und Kleinlichen beschäftigen. Es ist damit auch in der Schöpfung und in Pfingsten die Hoffnung angelegt, dass durch dieses Brüten eine neue Qualität in uns Raum bekommt.

Diese andere Dimension, dieser Frieden in uns, spiegelt sich im Symbol der Taube, wie wir es aus der Geschichte der Arche Noah kennen. In dieser Geschichte wird die Qualität des himmlischen Friedens ganz konkret beschrieben. Nach dem Streit der Menschen untereinander und der Flutkatastrophe erfahren Noah und seine Familie, was dieser umfassende Friede bedeutet: Friede unter den Menschen, Friede mit den Mitgeschöpfen, Friede mit der Natur und Friede mit der Schöpferkraft des Universums.

Es ist wohl dieser endzeitliche Friede, von welchem die Prophetinnen und Propheten in den Jahrtausenden nach Noah nur noch träumen konnten – dieser Shalom, der uns innerlich weit und gelassen macht und im Äußeren mit Menschen, Tieren und Pflanzen im Einklang leben lässt. Noch immer, und das zeigt uns der Blick in die heutige Welt, ist es ein weiter Weg bis dahin. Und doch ist er gerade jetzt möglich, denn schon jetzt wächst er langsam in uns. Und wenn wir wissen möchten, wie wir ihm beim Wachsen und Schlüpfen helfen können, können wir das wunderbar von den Tieren lernen.

Schauen Sie, wie die Hunde sitzen (heute Morgen) – oder denken Sie daran, wie die Kühe kauen oder die Vögel des Himmels brüten. Sie sind ganz präsent und ganz erfüllt vom Geist des Lebens. Sie geben der Lebenskraft Raum; sie sind weder berechnend noch hassen sie. Sie sind nicht ständig am Tun und Machen; sie lassen es in sich brüten.

Ein Bekannter von mir, der lange in Uster im Gemeinderat war, erzählte häufig von einem Bio-Bauern, der über die Jahre so etwas wie sein weiser Ratgeber wurde. Häufig sei er zu ihm gegangen, wenn er in einem Punkt in seinem Leben nicht mehr weiterwusste oder eine wichtige politische Entscheidung anstand. Der Bauer habe ihm dann jeweils lange zugehört, genickt und ihn mit den Worten verabschiedet »Chunsch morn namal? Denn chani meh säge« [Kommst du morgen nochmal? Dann kann ich mehr sagen]. Und tatsächlich: Jedesmal, wenn er am nächsten Morgen wieder am Küchentisch saß, habe der Bauer eine sinnvoll-tiefgründige Antwort auf seine Frage gewusst – meistens sogar verbunden mit einem schlauen, praktischen Lösungsweg. Nach dem dritten oder vierten Mal habe er ihn dann einmal gefragt, wie er das eigentlich mache, dass er am nächsten Morgen immer so viel klüger sei als am Abend zuvor. »Ahh, das isch wegem Mälche« [Ach, das ist wegen dem Melken], habe dieser geantwortet und ihm genau beschrieben, wie er beim Melken seinen Kopf am Bauch der Kuh aufstütze und mit der Frage warte, bis eine Antwort in ihm gewachsen sei.

Ich glaube, es ist diese Art des Brütenlassens, das uns in den Fragen der Umwelt und der Mitmenschlichkeit eine immense Hilfe ist, weil es uns in Kontakt mit den tiefen Dimensionen des Lebens bringt, weil es die schnellen Gedanken des Alltags abspült und uns mit dem lebendigen Urgrund in uns und in der Natur verbindet.

Natürlich müssen Sie jetzt nicht eine Kuh kaufen, Gott bewahre! Aber Sie wissen ja, dass das Zusammensein, das Sich-Öffnen, das Spazieren mit den Tieren oft neuen Raum in uns schafft. Ein Nest, in dem Gott brüten kann. Dazu lädt uns Pfingsten ein, und dabei helfen uns unsere Mitgeschöpfe. Wir danken euch – ihr seid für uns die Krafttiere des kommenden Friedens. Und wir versuchen, dem versprochenen Frieden entgegenzugehen. Mit Gottes Hilfe.

... und herrscht über alle Tiere (Gen 1,28)
Vom Missverständnis eines Auftrags

Sara Kocher

Diese Predigt bildete den Auftakt zu einer Reihe zum Thema »Tier und Mensch in der Bibel«.
Biblische Lesung: Gen 1,20–2,4

I.
Ich schildere Ihnen nun drei Szenen; sie erzählen alle etwas über unser heutiges Verhältnis zum Tier.

Erste Szene: ein Gartenrestaurant. Um einen Tisch sitzen einige Personen. Auf ihren Tellern befindet sich gerade das Tagesmenü: Geschnetzeltes, Nüdeli und Broccoli. Ein Marienkäfer verliert sich auf seiner Erkundungstour in einem gefüllten Weinglas und droht zu ertrinken. Ein Rettungsversuch wird gestartet, zunächst mit einem Zahnstocher und, als dieser sich als ungeeignet erweist, mit einer gefalteten Papierserviette. Nach einigen Versuchen gelingt es: Das schmucke Insekt ist befreit und fliegt davon. Die Gesellschaft wendet sich beschwingt über diese gute Tat ihren Fleischgerichten zu.
Zweite Szene: Blick in ein Hotel mit nobel ausgestatteten Suiten, eine Menükarte vom Feinsten, Wellnessprogramm und Massagen, Designerkleider, Diamanten-Accessoires und Parfüms. Eben wird ein Pudelchen eingekleidet. Bei dem Hotel handelt es sich nämlich um das Hilton Hotel Chateau Poochie im US-Bundesstaat Florida, gemacht nicht für Menschen, sondern für Vierbeiner.
Dritte Szene: Ein rauchender Haufen mit Tausenden von Tierkadavern – eine Szene aus der Zeit des Rinderwahns, des BSE-Skandals (in Wiederholung dasselbe mit Geflügel im Rahmen der Vogelgrippe).

Diese Skizze aus unzähligen möglichen Szenen führt uns an diesen umstrittenen Satz aus der Bibel heran: »und macht sie euch untertan!« Schauen wir also nochmals ein wenig genauer hin und filtern wir heraus, wie sich an diesen drei Szenen unser Untertanmachen bezüglich unserer Mitlebewesen zeigt.

Sagte doch einmal ein Schüler zu seiner Lehrerin, die Vegetarierin war: »Aber Sie essen doch auch Pilze, also Fleisch!«, worauf immerhin ein anderer Schüler schlagfertig antwortete: »Hesch du scho mau gseh ä Pilz düre Wald seckle?!« (Schweizer Mundart, letzter Ausdruck Gossensprache, sinngemäß: Hast du schon mal Pilze durch den Wald rennen sehen?)

Deutlicher kann man die Entfremdung nicht mehr umschreiben, die wir – vor allem in der Stadt – zu dem haben, was wir essen und wo es herkommt. Das zeigt sich auch in der Gartenszene, wo der Marienkäfer gerettet wird, jedoch gleichzeitig Teile eines Tieres verzehrt werden. Wie viele Menschen würden zögern, Fleisch zu essen, müssten sie selbst dem Kälbchen den tödlichen Bolzenschuss ansetzen! Wie vielen Stadtkindern ist bei den sauber verpackten Fleischteilen in den Supermärkten nicht mehr ersichtlich, was sie in ihrem Sandwich und im McXY essen. Bauernkinder kennen hingegen noch diesen Prozess: ein Tier aufzuziehen, es zu töten und zu essen.

Auf der andern Seite steht das Hotel Hilton für Hunde mit Massage und Wellnessprogramm im Angebot: Hier werden Tiere menschlichem Narzissmus unterjocht. Auch überfütterte Tiere zeugen von falsch verstandener Tierliebe. Oder der Kampfhund, der die Aggressionen und den Hass für seinen Halter ausagieren muss. Sie werden Opfer ungestillter menschlicher Bedürfnisse und menschlicher Verfehlungen.

»Alles ist erlaubt, was der Profitsteigerung dient!« Dieses kapitalistische Credo zeigt seine hässlichen und lebensverachtenden Seiten in den erschütternden Schlachttiertransporten und den Seuchen, die davon zeugen, dass elementare Naturgesetze missachtet worden sind, indem das Vieh gezwungen wird, das Futtermehl, in dem seinesgleichen verarbeitet worden ist, sich kannibalisch einzuverleiben. Das Tier ist nur noch ein Objekt, das so rationell wie möglich zu einer Leistung – Fleisch, das auf dem Markt Erfolg hat – getrimmt wird. Naturgesetze oder das Leidempfinden der Tiere spielen keine Rolle mehr.

Die perverse Doppelung: Die Natur schlägt mit einer Seuche zurück, und die Menschen müssen, weil sie um ihre eigene Haut fürchten, Hunderttausende von Tieren, auch gesunde Tiere, töten und vernichten.

Angesichts dieser Entfremdung und angesichts des immensen Leidens der Tiere erschüttert es, dass der Theologie und der Kirche das Nachdenken über das Verhältnis von Mensch und Tier abhandengekommen ist. Und es sollte aufrütteln, dass auch Christenmenschen dies einfach hinnehmen.

II.

Ein Reich Gottes ohne Natur und Tiere ist für Jesus nicht vorstellbar. So fragt Jesus: »Wie sollen wir das Reich Gottes abbilden? In welchem Gleichnis sollen wir es darstellen? Es ist wie ein Senfkorn, das kleinste unter allen Samenkörnern auf Erden, das in die Erde gesät wird. Ist es gesät, geht es auf und wird größer als alle anderen Gewächse und treibt so große Zweige, dass in seinem Schatten die Vögel des Himmels nisten können.« (Mk 4,30–32)
Der Senfkornstrauch ist in diesem Gleichnis für das Reich Gottes ein Weltenbaum, der auch Lebenshaus ist für die Tiere.
Und jenen, die sich mit ihrer Sorge um ihren Besitz verstricken und verheddern, spricht er zu: »Denn das Leben ist mehr als die Nahrung und der Leib mehr als die Kleidung. Achtet auf die Raben: Sie säen nicht, sie ernten nicht, sie haben weder Vorratskammer noch Scheune: Gott ernährt sie«. (Lk 12,23-27)
Jesus konnte sich auch auf die bekannte Vision des Jesaja berufen. Nach Jesaja 11 bringt die ersehnte Heilszeit Mensch und Tier endgültige Versöhnung und Frieden: »Und der Wolf wird beim Lamm weilen, und die Raubkatze wird beim Zicklein liegen. Und Kalb, junger Löwe und Mastvieh sind beieinander, und ein junger Knabe leitet sie.«

Im Ersten Testament der Bibel kann kaum eine Seite umgeblättert werden, ohne dass Tiere erwähnt werden: als Gefährten, als Nutztiere, als bedrohliche Tiere und als Tiere, deren Eigenschaften wie Fruchtbarkeit, Schnelligkeit, Emsigkeit, Stärke von den Menschen bewundert werden, so dass die biblischen Menschen ihren Kindern Namen wie Lea und Rebekka verliehen, was Kuh bedeutet, oder Debora, die Biene, oder Jona, die Taube, und viele andere mehr.

III.

Was hat der Auftrag aus der ersten der beiden Schöpfungsgeschichten mit unserem heutigen Verhältnis zum Tier zu tun, jener Auftrag, der da heißt: »und füllt die Erde und macht sie untertan, und herrscht über die Fische des Meers und über die Vögel des Himmels und über alle Tiere, die sich auf der Erde regen?«

Der Ausdruck für Untertanmachen ist im Hebräischen kräftig: niedertreten, bezwingen, treten wie in einer Kelter. Wir müssen bedenken, dass der Mensch, welcher der Natur ausgeliefert ist, mit ihr einen Kampf um Leben und Tod führt. Er muss sich schützen vor Kälte und sengender Hitze, vor Sandsturm und Schneesturm, Steinhagel und Wasserfluten, vor wilden Tieren. Menschen, die inmitten ungezähmter Natur leben, werden kaum vergessen, dass sie der Natur letztlich immer unterlegen sind. Haben wir nicht noch die Bilder vom Tsunami (2004) vor Augen oder, unmittelbar näher, wie der Sturm Lothar (1999) bei uns gewütet hat und uns zumindest einen Moment lang eindrücklich vor Augen geführt hat, wie klein und machtlos wir im Grunde genommen mit all unseren Technologien und zivilisatorischen Errungenschaften sind?

Im Untertanmachen ist etwas vom menschlichen Wunsch zu spüren, dieser entfesselten Natur Kultur abzuringen, sie für sich zu gewinnen, so dass der Mensch besser leben kann. Der Mensch, lebt er nicht wie ein wildes Tier, ringt der Natur seinen Lebensplatz und sein Fortbestehen ab. Er muss ein Stück weit die Wildheit der Natur bezwingen und ordnen.

Im Auftrag des Untertanmachens klingt auch die Situation des israelitischen Volkes an, das inmitten altorientalischer Völker lebt. Dieser Schöpfungstext, der eine feste Ordnung vorgibt, entsteht unter dem Eindruck des babylonischen Exils. Die babylonischen chaotischen Schöpfungsmythen, denen Israel im babylonischen Exil unweigerlich begegnet, erzählen Mythen von Gottheiten, die in der Natur wohnen, launisch und unberechenbar sind und den Menschen wie ihren Spielball benutzen.

Für Israel wohnt Gott nicht in der Natur, sondern er ist ihr Schöpfer. Der Mensch ist Partner dieses Schöpfers. Das bedeutet: In diesem krassen Ausdruck des »Niedertretens« kann man auch den Abgrenzungswillen eines Volkes hören, diese chaotisch-göttlichen Naturmächte Babylons so nicht anzuerkennen und ihnen eine andere Ordnung und ein anderes Gottes- und Menschenbild entgegenzusetzen.

Entsprechend gibt diese priesterliche Schrift dem gottesebenbildlichen Menschen auch den Auftrag des Herrschens. Um dies zu verstehen, müssen wir etwas über die altorientalische Vorstellung vom König als Stellvertreter Gottes auf Erden wissen. Nach dieser Königsvorstellung des Alten Orients ist es die Aufgabe des Herrschers, für das Lebensrecht der Beherrschten zu sorgen, sie wie in einem Lebensgarten zu hegen und pflegen, damit sie gedeihen können. Nun sollen nicht Könige, sondern alle Menschen diesen Auftrag erfüllen. Der Mensch ist also in die Verantwortung genommen, sich durch das Dienen an den Mitgeschöpfen als Stellvertreter Gottes zu erweisen!

Das ist das grundsätzliche (beabsichtigte?) Missverständnis: Herrschen ist hier nicht willkürliche und blindwütige Verfügungsgewalt, vielmehr ein Sorgen-Für, ein Im-Dienst-sein-Für!

Der Mensch hat durch diese Verantwortung zwar eine besondere Stellung unter den Geschöpfen Gottes, aber er ist dadurch keineswegs wertvoller als sie. Die Rede vom Menschen als Krone der Schöpfung ist eine weitere Missdeutung! Die Krone der Schöpfung ist nicht der Mensch, sondern der Sabbat, der siebte Tag, an dem Gott ruht! Es ist etwas Wundervolles, dass der Ruhetag, der für uns Christinnen und Christen der Sonntag ist, von dieser priesterlichen Schöpfungsgeschichte als Krone der Schöpfung erscheint. In diese Ruhe ist auch das Tier mit hineingenommen: »der siebte Tag aber ist ein Sabbat für JHWH, deinen Gott. Da darfst du keinerlei Arbeit tun, weder du selbst noch dein Sohn oder deine Tochter, dein Knecht oder deine Magd noch dein Vieh oder der Fremde bei dir in deinen Toren. (Ex 20,10 und Dtn 5,14)

Dass alle das Recht haben sollen zu ruhen, ist eine phantastische Aussage der Bibel. Und gerade für uns moderne Menschen wieder eine Herausforderung, gerät doch auch diese Ordnung immer mehr in eine Schieflage. Fühlen sich nicht immer mehr Menschen an ihrem Arbeitsplatz wie ein Hamster in seinem Hamsterrad? Wir laufen und hasten ohne Unterbrechung; man redet uns ein, dass wir immer mehr Antrieb geben müssen, um überall bestehen zu können. Oder weil wir uns selber damit Erfolg, Geld, Anerkennung, Sicherheit versprechen. Das Laufen im Hamsterrad fordert seinen Preis: Es macht unzufrieden, hartherzig und kleinlich, oder es lässt die Menschen leiden, die mit uns leben.

Im »Hamsterrad-Leben« bleiben viele Bedürfnisse und Sehnsüchte auf der Strecke, die nach Ersatzbefriedigungen rufen, was nicht selten mit Nahrung (steigender Fleischkonsum!) oder mit der Anhäufung von

Luxusgütern (»weil ich es mir wert bin«) versucht wird. Auf diesem Hintergrund können wir diesen schöpfungsgeschichtlichen Ruhetag besser verstehen: Am Ruhetag, in der Zeit des Unterbruchs zum Alltag und zur Arbeit, soll der Mensch sich seiner Geschöpflichkeit, seiner Verbundenheit mit allen atmenden Lebewesen und seiner Verantwortung gegenüber aller Kreatur bewusst werden.

Und diese Verantwortung müssen wir als Christinnen und Christen, als Kirche insgesamt, viel stärker als bisher wahrnehmen. Dazu gehört es, unsere eigene Lebenspraxis zu hinterfragen und zu verändern. Wir sollten uns wieder bewusst machen, dass Glauben und Verantwortung für unsere tierischen Mitgeschöpfe nicht voneinander zu trennen sind. Der Kirchenlehrer Thomas von Aquin formulierte: »Ein Irrtum über die Geschöpfe mündet in ein falsches Wissen über Gott und führt den Geist des Menschen von Gott fort.«

Diesem Irrtum über die Geschöpfe wollen wir nachgehen. Doch ist das Thema »Tier und Mensch« anzupacken nicht ein harmloses Unterfangen. Es führt uns unweigerlich als Individuum und als Kirche zu unseren Verschuldungen und Verfehlungen, die wir längst nicht mehr als solche betrachten.

Doch stehen wir nicht auf dem Boden der vergebenden Liebe von Jesus, dem »Lamm Gottes«? Wenn wir dies wirklich ernstnehmen, bedeutet das ja auch, dass diese Liebe es uns gerade möglich macht, uns auch unseren Verfehlungen zuzuwenden. Sie macht es uns möglich, das Seufzen der Kreatur wirklich zu hören, so wie Paulus schrieb: »Denn in sehnsüchtigem Verlangen wartet die Schöpfung auf das Offenbarwerden der Söhne und Töchter Gottes. (...) Denn wir wissen, dass die ganze Schöpfung seufzt und in Wehen liegt, bis zum heutigen Tag.« (Röm 8,19.22)

So lade ich Sie als einzelne und als Kirchgemeinde ein: Gehen Sie mit mir, mit uns in den folgenden Monaten einen Weg: in den Gottesdiensten oder in den Veranstaltungen zum Thema »Tier und Mensch«, bringen Sie Ihre eigenen Erfahrungen hinein, erzählen Sie Ihre Geschichten, hinterfragen Sie, kritisieren Sie, debattieren Sie mit uns.

Vielleicht geschieht es hier und dort, dass wir unseren Glauben, unsere Religion neu erfahren und uns in den Aufgaben als Kirche viel tiefer verstehen lernen.

Was draußen ist, wir wissen's aus des Tiers Antlitz allein
Predigt über Hi 12,7-10

Sara Kocher

Lesung: Hiob 12,7–10

»Was draußen ist, wir wissen's aus des Tiers Antlitz allein« – dieser Satz stammt aus der achten Elegie des Dichters Rainer Maria Rilke, geschrieben im Jahr 1922 (alle folgenden Gedichtzitate aus: Rainer Maria Rilke, Die Gedichte, Insel Verlag, Frankfurt a. M. und Leipzig 2006, 709 f.) Zugleich lesen wir in der Bibel im Buche Hiob, das ca. zweieinhalbtausend Jahre alt ist, den Satz: »Aber befrage das Vieh, dass es dich lehre, und die Vögel des Himmels, dass sie es dir kundtun.«

Diese zeitlich und kulturell so verschiedenen Texte, die beide von hochgebildeten und genialen Autoren stammen, stimmen in dieser Aussage überein: Die Tiere können uns Menschen auf eine gewisse Weise lehren. Und was sie uns lehren, hat nicht nur mit der Tiefe unserer menschlichen Existenz zu tun, sondern zielt auch auf unser Verhältnis zu Gott.
Wer von ihnen allen [den Tieren] wüsste nicht, dass die Hand Gottes es so gemacht hat? – So fasst Hiob das Wissen der Tiere um Gott zusammen; der Dichter Rilke schreibt:
»... das freie Tier / hat seinen Untergang stets hinter sich / und vor sich Gott, und wenn es geht, so geht's / in Ewigkeit, so wie die Brunnen gehen. / Wir haben nie, nicht einen einzigen Tag, / den reinen Raum vor uns, in den die Blumen / unendlich aufgehn.« (Rilke, 709)

Was aber lehren uns die Tiere über unsere Existenz? Das ist die Frage, die sich hier stellt. Doch sogleich stellt sich uns unser zwiespältiges Verhältnis zum Tier in den Weg. Nichts kann uns dies besser vor Augen führen als des Menschen Verhältnis zum Bären: Für Kinder ist es nach wie vor heißgeliebtes Stofftier und besetzt unter ihnen wohl, wie schon vor Generationen, den ersten Rang. Und wie begeisterte doch Knut, der Eisbär, Kinder und Erwachsene und erwärmte Herzen und Seelen mit seiner Drolligkeit und seinem Liebreiz?

Gleichzeitig aber stellen für viele Leute die wilden, nicht domestizierten Bären, die in unser Land einziehen, eine Bedrohung dar. So musste, wie Sie wissen, vor einigen Tagen der junge Bär JJ3 sein Leben lassen, weil er zu neugierig, zu unerschrocken und vor allen Dingen zu gefräßig war und sich seine Nahrung rund um die Häuser der Menschen verschafft hatte. Dabei zeigte er kein aggressives Verhalten. Die Vermutung, dass es sich eines Tages ändern könnte, hatte den Abschuss des Bären zur Folge.

Haben Tiere also in unserer Kultur nur noch als Knuddeltier, als domestiziertes Schmusetier ihren Platz? Haben wir Angst, dass die wilde Natur unsere mühsam errungene Kultur besiegt?

Was wir nur ängstlich ahnen, wurde uns kürzlich zeichnerisch am Beispiel Limmatquai in Zürich und angeregt durch ein Gedankenexperiment des amerikanischen Wissenschaftsautors Alan Weisman vor Augen geführt: Würde die Menschheit über Nacht verschwinden, so sähe der Limmatquai bereits in fünf Jahren recht wild aus, dicht bewohnt von Eichhörnchen, Mardern, Eidechsen, Fröschen, Bussarden, Falken und Füchsen. In nur fünfzig Jahren gliche er einer Wildnis und in fünfhundert Jahren würde im Urwald, der sich ausgebreitet haben wird, nur noch wenig an unsere Zivilisation erinnern. Nach 250 Jahren ist eine Stadt wie London wieder zu dem Sumpf geworden, der sie einst war, und Großstädte in der Nähe von Flussdeltas, wie Hamburg, Amsterdam oder Houston, würden in 300 Jahren fortgewaschen sein.

Erinnern uns also die Tiere an unsere fragile Existenz? Sehen wir in ihren Augen, vor allem in den Augen der wilden Tiere, den möglichen Untergang, ja das Vergessen unserer scheinbar so gefestigten Kultur? Ist es das, was Tiere uns zu lehren vermögen und worauf Hiob oder Rilke mit ihren Worten hinweisen?

Verstärkt unsere Schuld, die wir uns aufgeladen haben, indem wir Tiere quälen, sie einsperren, zu Schauobjekten degradieren, als wissenschaftliche Objekte benutzen oder auch, um unseren Hunger nach Fleisch zu stillen – verstärkt diese Schuld unsere Angst vor dem wilden Tier? Das mag eine Antwort sein. Aber sie genügt noch nicht, um der Tiefe der beiden Texte gerecht zu werden.

»... denn schon das frühe Kind / wenden wir um und zwingens, dass es rückwärts / Gestaltung sehe, nicht das Offne, das / im Tiergesicht so tief ist. Frei von Tod.« (Rilke 709)

Kinder sehen, bevor sie ›umgewendet‹ werden, die Welt mit anderen Augen als Erwachsene. Sie sehen und spüren Dinge, die wir Erwachsene nicht mehr sehen, weil wir verbogen sind, sogenannt vernünftig. Viele Kinder sehen Engel und haben oft einen unverstellten Umgang mit Tieren, weil sie noch nicht diese Unterscheidung von Tier und Mensch machen.

Wir lesen im Markusevangelium eine kurze Notiz über Jesus, als er sich in der Wüste in einer Reifezeit aufhielt: »Und er war bei den wilden Tieren, und die Engel dienten ihm.« (Mk 1,13)

Ist das Leben bei den wilden Tieren und den Engeln Ausdruck für einen Menschen, der unverstellt ist, unverbogen, dem Geheimnis des Lebens nahe ist?

Ich erinnere mich, wie ich als Kind gerne in Hundehütten schlüpfte und mich irgendwie als Hund fühlte. Aber dann prasselt die Vernunft der Erwachsenen auf das Kind: »Du machst dich dreckig, das ist gefährlich, komm' da raus, du bist doch kein Hund!«

Der jüdische Religionsphilosoph Martin Buber erzählt uns in einer persönlichen Episode aus seiner Kindheit, wie es geschieht, dass uns das Tier zu etwas Anderem und Fremden wird. Während der Sommerferien weilt der elfjährige Knabe auf dem Landgut seines Großvaters. Unbeobachtet schleicht sich Martin in den Pferdestall zu seinem Liebling, dem breiten Apfelschimmel, und krault ihm den Nacken. Buber erinnert sich:

»Das war für mich nicht ein beiläufiges Vergnügen, sondern eine große, zwar freundliche, aber doch auch tief erregende Begebenheit. Wenn ich es jetzt, von der sehr frisch gebliebenen Erinnerung meiner Hand aus, deuten soll, muss ich sagen, was ich an dem Tier erfuhr, war das Andere, die ungeheure Anderheit des Anderen, [...]. Wenn ich [...] das Lebendige unter meiner Hand leben spürte, war es, als grenzte mir an die Haut das Element der Vitalität selber, etwas, das nicht ich, gar nicht ich war, gar nicht ichvertraut, eben handgreiflich das Andere, nicht ein anderes bloß, wirklich das Andere selber, und mich doch heranließ, sich mir anvertraute, sich elementar mit mir auf Du und Du stellte. Der Schimmel hob, auch wenn ich nicht damit begonnen hatte ihm Hafer in die Krippe zu schütten, sehr gelind den massigen Kopf, an dem sich die Ohren noch besonders regten, dann schnob er leise, wie ein Verschworener seinem Mitverschworenen ein nur diesem vernehmbar werden sollendes Signal gibt, und ich war bestätigt. Einmal aber – ich weiß nicht, was den Knaben anwandelte, jedenfalls war es kindlich genug – fiel mir über dem Streicheln ein, was für einen Spaß es mir doch mache, und ich fühlte plötzlich meine Hand. Das Spiel ging weiter wie sonst, aber etwas hatte sich geändert, es war nicht mehr Das. Und als ich tags darauf, nach einer reichen Futtergabe, meinem Freund den Nacken kraulte, hob er den Kopf nicht. Schon wenige Jahre später, wenn ich an den Vorfall zurückdachte, meinte ich nicht mehr, das Tier habe meinen Abfall gemerkt; damals aber erschien ich mir verurteilt.«

Martin Buber, Das dialogisches Prinzip: Schrift Zwiesprache, Heidelberg 1965, 172 f. – Den Hinweis auf die Existenz dieses Textes Bubers verdanke ich Rainer Hagencord, Diesseits von Eden, Verhaltensbiologische und theologische Argumente für eine neue Sicht der Tiere, Regensburg 2006, dort 204 f.

Das Pferd reagiert in dem Moment nicht mehr, als der Knabe das Streicheln zu seinem eigenen Erlebnis und Spaß erklärt. Das Tier ist für uns nicht mehr ein Du, sondern ein Objekt, ein »Etwas«, ein »Es« geworden.

Ein wesentlicher Bruch wird beschrieben, den wir vollziehen, der uns anerzogen wird und der durch unsere Kultur und unsere Gesellschaft festgeschrieben wird: Etwas zum »Es« zu erklären, zum Objekt, über das wir verfügen können, das wir beschreiben und analysieren können, ja, über das wir herrschen können. Der Preis ist Entfremdung und Distanz zum Tier, zur Natur, zu allem, was wir zum bloßen Objekt erklären; der Schatten, der darauf liegt, ist unsere Angst vor der Rückkehr des Wilden.

Geschieht nicht dies auch mit unserer Vorstellung von Gott? Wir fassen Gott in Begriffen, erklären damit die Welt, und gleichzeitig wird Gott uns fremd. Sein unergründliches Geheimnis wird noch unergründlicher, so dass wir Gott schließlich auch sein lassen können.

Ich finde diesen Gedanken bei Rilke in den Worten:

»Und wir: Zuschauer, immer, überall, / dem allen zugewandt und nie hinaus! / Uns überfüllt's. Wir ordnen's. Es zerfällt. / Wir ordnen's wieder und zerfallen selbst. / Wer hat uns also umgedreht, dass wir, / was

wir auch tun, in jener Haltung sind / von einem, welcher fortgeht?
(Rilke, 710)
Und in einem andern Gedicht schreibt er:
»und die findigen Tiere merken es schon,
dass wir nicht sehr verlässlich zu Haus sind
in der gedeuteten Welt.« (Rilke, 689)

Für Tiere gibt es die Welt, ihre Umwelt und keine gedeutete Welt. Wohl
deshalb kann Hiob seinem Freund Zofar diese Antwort geben, doch die
Tiere zu befragen. Denn dieser will ihm nämlich erklären, warum er,
Hiob, so unendlich leiden müsse.
Wir müssen wissen, dass Hiob Familie und Besitz verloren hat und
schwer krank geworden ist, obwohl er gerecht und gütig gelebt hat.
Zofar erklärt ihm aus einer weisheitlichen Lehre heraus, dass es nicht
anders sein kann, als dass Hiob sich schuldig gemacht haben müsse.
Gegen solche Deutungen wehrt sich Hiob: Auch Unschuldige erfahren
Leid. Die Deutungen der Freunde, die zu ihm kommen, bringen ihn in
eine Glaubenskrise.
Die Tiere leben nicht in solchen Lehren und Deutungen. In Rilkes Wor-
ten:
»Und wo wir Zukunft sehn, dort sieht es Alles / und sich in Allem und
geheilt für immer.« (Rilke, 710)

Die Tiere sind weit entfernt von den Fragen, Lehren und Anklagen
der Freunde Hiobs. Sie leben in der Gegenwart und unmittelbar. Wer
Tiere und kleine Kinder erzieht, weiß, dass man sie nur im Moment,
wo etwas geschieht, rügen und loben kann, nicht aber für etwas Ver-
gangenes. So leben kleine Kinder und Tiere in einer gleichen Art und
Weise, berühren den Grund allen gemeinsamen Seins, bevor der Bruch
geschieht.
Wenn Jesus sagte: »Werdet wie die Kinder, denn ihnen gehört das Reich
Gottes«, so ist dies auf diesem Hintergrund zu verstehen: Die Botschaft
Jesu vom Reich Gottes auf Erden kann nur ein Herz begreifen, das die
Schöpfung als diesen Seinsgrund erfährt und nicht, wer in Regeln und
Gesetzen, Lehren und Begrifflichkeiten erstarrt ist.
So kann uns die Natur belehren und können uns die Tiere Lehrmeister
sein. Das geschieht aber nicht dadurch, indem wir die Natur lediglich
mit romantisch verklärtem Blick betrachten oder nur als ein wissen-

schaftliches Feld sehen, sondern indem wir sie als ein DU erkennen. Wiederum können wir hier von einem Kind lernen: Opal Whiteley war ein hochgabtes Kind, das in einem Holzfällercamp in Oregon an der nordwestlichen Pazifikküste aufwuchs und bereits mit sechs oder sieben Jahren ein Tagebuch schrieb, wo sie in kindlicher Art und Weise ihren Alltag und ihr Zusammenleben mit Tieren schildert. Es erschien erstmals 1920. Das Kind scheint das Zusammensein mit allen Kreaturen und der Natur als etwas Ungetrenntes erfahren zu haben. Mit ihren Tieren feiert sie regelmäßig Gottesdienste. Die Übersetzung hat die kindliche und fehlerhafte Sprache beibehalten:

»Nach einer langen Zeit lang, als sich alle ordentlich hingesetzt hatten und Ruhe eingetreten war, fangte ich mit dem Gottesdienst an. Es dauerte wirklich lange, bis Ruhe herrschte, weil die lieben Leutchen [die Tiere] es nicht gewohnt waren, dass man einen Gottesdienst im Schweinstall abhält. Nach dem dritten Choral habe ich die Morgenpredigt gepredigt. Als Text wählte ich »Ich hebe meine Augen auf zu den Bergen«. Dazu musste ich durch den Zaun vom Schweinekoben lugen, weil dem seine Höhe viel höher war als meine. Ich habe fast die ganze Gemeinde hochgehoben, damit sie alle mal durch den Zaun lugen konnten. (...) Und so schauten sie und hoben ihre Augen auf zu den Bergen, aber die meisten haben's nicht gemacht. Manche erblickten Gottes Güte im Gras und manche erblickten sie in den Bäumen, und der Thomas Chatterton Jupiter Zeus [eine Waldratte] erblickte überhaupt nichts weiter als ein Stückchen Käse, das ich in meinem Ärmel für ihn versteckt hatte. Er machte sein Käsepiepsen. Da habe ich ihn knappern lassen. Und dann haben wir gebetet.«

Opal Whiteley, Die wunderbare Welt der Opal Whiteley. Tagebuch eines sehenden Herzens, hg. von Taja Gut, dt. Übersetzung von Christa Schuenke, Pforte Verlag, Dornach 2005, 197 f. – Anmerkung: Die Authentizität des Kindertagebuchs ist bis heute umstritten, nicht, dass es aus der Hand von Opal Whiteley selbst stammt, sondern dass sie es erst später im Alter von 20 Jahren verfasst haben könnte. Die Meinungen hierzu gehen auseinander. Jedoch spielt es für unseren Zusammenhang keine Rolle, da die Autorin selbst bei einer nachträglichen Abfassung ihre Kindererinnerungen und ihr Weltbild zum Ausdruck gebracht hätte.

Wir sind keine Tiere, und wir sind nicht mehr Kinder. Dennoch können wir von diesen Beispielen lernen: Sie eröffnen uns die Möglichkeit, ein Verständnis von Natur und Tier zu korrigieren, das untauglich ist und keine Zukunft eröffnet. Im Blick auf den gegenwärtigen Zustand der

Welt scheint es allerdings ein schier endloser Weg zu sein. Das Tier und die Natur als Lehrmeisterin zuzulassen und als ein DU zu erfahren, kann uns auch ein neues unverstelltes Verhältnis zu Gott schenken. Dies verdichtet sich in dem Satz des Mystikers Nikolaus von Kues: »Mein Gott, du hast mich dahin geführt zu sehen, dass dein absolutes Aussehen das natürliche Aussehen jeder Natur ist.«
Nikolaus von Kues

Francesco Cattani

Im Jahr 1822 veröffentlicht der Pfarrer Christian Adam Dann ein Schreiben mit dem vielsagenden Titel: »Bitte der armen Thiere, der unvernünftigen Geschöpfe, an ihre vernünftigen Mitgeschöpfe und Herren, die Menschen.« Der Publikation vorausgegangen war der »Mössinger Storchenmord«. In Mössingen war Christian Adam Dann als Gemeindepfarrer tätig. Auf der dortigen Kirche hatte sich ein Storchenpaar niedergelassen und genistet. Die Zutraulichkeit der Vögel erfreute nicht nur Pfarrer Dann, sondern auch die Gemeinde. Kurz nach der Geburt von drei jungen Störchen jedoch wird ein Elternteil durch einen Gewehrschuss getötet. Pfarrer Dann ist ob dieser Tat empört und schreibt folgende Worte:
»Wer du nun und wo auch seyn magst, der du dieß gethan hast, ich kenne dich nicht und möchte dich auch nicht kennen lernen ... Gott kennt dich, der Gott, der seine Sonne scheinen läßt über Gute und Böse ... dem auch das Winseln, die Angst und die Todesschmerzen des von dir gemordeten unschuldigen Geschöpfs nicht unbekannt geblieben sind. Bedenke wohl, daß sein Schöpfer auch der Deinige ist, und du durch deine unbesonnene Mißhandlung eines seiner Geschöpfe Ihn selbst beleidigt hast.«
Die Ereignisse um den »Mössinger Storchenmord« sowie die Zitate aus Christian Adam Danns Schriften entstammen aus: Bernd Kappes, Mitgeschöpfe. Vom Umgang mit Tieren aus christlicher Sicht, Ostfildern 2023.

Diese wenigen Worte zeigen deutlich, dass Christian Dann aus seinem Glauben Tiere nicht einfach als Gebrauchsgegenstände versteht und dass Gott Tieren gegenüber nicht gleichgültig ist.
Liebe Mitfeiernde! Ein Ereignis wie der Mössinger Storchenmord würde wohl auch bei uns hier und heute Wut und Unverständnis auslösen. Als Tierquälerei würden die meisten so etwas bezeichnen und fordern, dass der Fall strafrechtlich untersucht wird. So hält das Schweizer Tier-

schutzgesetz fest: Niemand darf ungerechtfertigt einem Tier Schmerzen, Leiden oder Schäden zufügen, es in Angst versetzen oder in anderer Weise seine Würde missachten. Das Tierschutzgesetz spricht hier von der Würde des Tieres und definiert diese als »Eigenwert des Tieres, der im Umgang mit ihm geachtet werden muss.« Das Tier hat also Würde und verfügt über einen Eigenwert. So die Schweizer Gesetzgebung. Aber was sagt denn die Bibel? Das ist für Christinnen und Christen ja eine zentrale Frage. Wie sollen gläubige Menschen in der Kirche über Tiere denken? Haben sie eine Würde und einen Eigenwert? Oder würde man als gläubiger Mensch anders reden und denken?

»Und Gott segnete sie« haben wir im Lesungstext aus der Schöpfungserzählung gehört. Die Rede ist hier von den Tieren im Wasser und den Vögeln in der Luft. Die Tiere des Landes erschafft Gott erst danach, aber am selben Schöpfungstag. Ihnen wird der Segen nicht explizit zugesprochen – ob er ihnen aber dennoch gilt? Auf jeden Fall endet die Erzählung von der Erschaffung von allen Tieren – ob auf dem Land, in den Gewässern oder in der Luft – mit den Worten: Und Gott sah, dass es gut war. Wer genau liest, entdeckt in dieser Erzählung auch etwas ganz Erstaunliches: Der allererste Segen, den Gott in der Bibel spricht, richtet sich nicht an Menschen, sondern an Tiere. Noch ehe der Mensch geschaffen wurde, segnete Gott bereits Tiere. Daraus lässt sich schließen: Der Segenszuspruch Gottes ist nicht beschränkt auf Menschen, sondern schließt die Tierwelt mit ein. Nach biblischem Verständnis ist der Segen das Mitteilen lebensfördernder Kraft von Seiten Gottes. Da wird also etwas mitgegeben, das Leben fördern und stärken soll. Gott stärkt die Kraft zum Leben, im Menschen ebenso wie im Tier. Wenn Christinnen und Christen über die Würde von Tieren nachdenken, dann muss dieser Befund schon einmal zu denken geben.

Wenig später wird im Buch Genesis von einer großen Enttäuschung erzählt. Gott ist enttäuscht – und zwar angesichts seiner Schöpfung. Gott sieht, so wird da berichtet, das gewaltsame und boshafte Treiben auf der Welt. Ernüchtert will Gott diese aus den Fugen geratene Schöpfung mit einer Sintflut vernichten. Oder doch nicht? Eine Ausnahme macht Gott nämlich: Noah und seine Familie haben in den Augen Gottes Wohlgefallen gefunden. Sie sollen überleben. Und mit ihnen alle Tiere der Welt. Noah baut eine große Arche. Paarweise finden die Tiere darin Schutz vor den Wassermassen. So entspricht es dem Wunsch Gottes. Nachdem sich das Wasser zurückgezogen hat, kann die Arche ihre Tore öffnen. Ein Neuanfang ist möglich. Diesen Neuanfang besiegelt Gott mit einem Bund. Ich lese aus Genesis 9 die Verse 8 bis 17: *Lesung*

Gott schließt einen Bund. Mit Noah und seinen Nachkommen. Aber auch mit allen Lebewesen, die mit ihnen aus der Arche kommen. Ein Bund ist ein Vertrag, ein Abkommen. Ein Bündnis oder ein Zusammenschluss – eine gegenseitige Verpflichtung. Bündnispartner gehen mit einem Bündnis eine besonders enge Verbindung ein. Wo ein Bundesschluss ist, da sind auch Zusammengehörigkeit und Gemeinschaft. Der Bund Gottes nach der Sintflut ist ein Bund mit Menschen und Tieren. Die Tiere sind dabei die Dritten im Bunde. Genau wie der Segen im Schöpfungsbericht ist auch der Bund hier nicht etwas, das auf den Menschen beschränkt ist. Die Tiere in dieser Erzählung sind nicht einfach Objekte oder Nutztiere, sondern eigenständige und gleichberechtigte Partner Gottes. Den Bund, den Gott hier mit allen Lebewesen schließt, handelt vom Respekt vor allem Leben. Gott will schonen und nicht mehr verderben, Leben ermöglichen und nicht vernichten. Dieser Bund kann als Ausdruck von Gottes Liebe und Freundschaft gedeutet werden. Gott liebt Menschen und Tiere und will, dass sie leben und aufblühen können.

Liebe Gemeinde, wenn Christinnen und Christen über Würde und Eigenwert von Tieren nachdenken, können sie betonen, dass Tiere in der Bibel als gesegnete Bündnispartner von Gott gezeichnet werden. Welche Schlüsse sich daraus heute für eine sinnvolle christliche Tierethik ergeben, lasse ich offen. Jedoch kann nicht ignoriert werden, dass die biblischen Autorinnen und Autoren Tiere in ein Beziehungsverhältnis zu Gott setzen. Und es stellt sich auch die Frage, welchen Umgang Menschen mit anderen Bündnispartnern von Gott pflegen. So sah das auch Pfarrer Christian Adam Dann vor 200 Jahren. Er war überzeugt, dass die biblischen Verheißungen von Erlösung und Erneuerung auch den Tieren gelten. Er schrieb nämlich:
»So werde also nicht nur ich an der neuen Schöpfung Antheil haben, sondern auch neben mir unzählige Geschöpfe. Nicht nur meine Klagen und Seufzer werden in frohe Jubel verwandelt werden, sondern auch die übrige Kreatur wird zu einer vergnüglichen Freiheit gelangen.«

Pfarrer Dann blieb zeitlebens ein Verfechter für Tiere als empfindende Mitgeschöpfe. Nach seinem Tod gründeten Freunde und Kollegen von Dann im Jahr 1837 den ersten Tierschutzverein in Deutschland. Mit seiner theologischen Tierschutzschrift gilt Dann heute als Vater der Tierschutzbewegung in Deutschland.

Von Bileams Eselin und dem Segen

Berthold W. Haerter

»Gott aber öffnete der Eselin den Mund, und sie sprach zu Bileam: Was habe ich dir getan, dass du mich dreimal geschlagen hast?« (Num 22,28)

Liebe Gemeinde, in zwei Nächten sucht der Wahrsager Bileam Kontakt mit Gott. Zweimal bittet Bileam um das, was unser Organist mit dem letzten Orgelstück ausdrückte: »Herr Jesu Christ, dich zu uns wend, dein Heilgen Geist du zu uns send«. Natürlich bat Bileam nicht Jesus Christus, den kannte er noch nicht. Aber er bat um Gottes Geist, und Gott kam zu Bileam in der Nacht.

Bileam, der Ausländer, war bekannt dafür, dass er nur sagen würde, was Gott ihm mitteilte. Für Balak, den König von Moab, sollte er das Volk Gottes verfluchen. Balak hatte Angst vor den Israeliten. Die Israeliten waren die ehemaligen Sklaven aus Ägypten, die in ihr versprochenes Land jenseits des Jordans zogen und so durch sein Land mussten. Seine Angst war wohl berechtigt, wenn er meinte: »Nun wird dieser Haufen alles ringsum abfressen, wie das Rind das Grün des Feldes abfrisst.« (Num 22,4)

Beim ersten Mal hat Bileam klar ein Nein von Gott gehört. Balaks Wunsch ist nicht im Sinne Gottes. Dann kamen die Abgesandten Balaks ein zweites Mal mit noch mehr Geschenken bzw. einem großzügigen Vorschuss. In der folgenden Nacht – hat Gott da zu Bileam geredet oder das Geld Balaks? Wir verstehen Bileam wohl gut, wenn er sich innerlich wünschte, alle seine wirtschaftlichen Sorgen könnten durch wenige ausgesprochene Sätze verschwinden. Die Versuchung ist groß, es dem Auftraggeber recht machen zu wollen.

Zwei alte Geschichten sind in dieser Bileam-Geschichte verarbeitet. Kunstvoll sind sie miteinander verknüpft. Manchmal weiß man nicht so recht, was jetzt wirklich passiert sein soll, liest man diese drei biblischen Kapitel (Num 22–24). Aber diese Geschichte enthält eine Zusage! Sie sagt: Gott wird sein Volk, seine Menschen nie verfluchen. Und uns, die wir Christen sind und Jesu Nachfolger, die wir auch Gottes Volk sind, uns gilt diese Zusage auch. Gott verflucht uns nicht, nie!

Eines wird in dieser Geschichte auch immer wieder betont: Bileam redet wirklich nur, was Gott ihm sagt. Bileam würde nie seine Gedanken und Gottes Worte mixen oder missbrauchen.

Es gibt aber immer Menschen, die ihre Meinung mit Gottes Wort bestätigen wollen und es so missbrauchen. So hat Wladimir Putin seine Gedanken mit Gottes Wort bei einer Großveranstaltung in Moskau im Luschniki-Stadion vermischt. Am Schluss seiner Rede zitierte er das Johannesevangelium. »Es gibt keine größere Liebe, als wenn einer sein Leben für seine Freunde hingibt.« (Joh 15,13) Die katholische Presse schreibt dazu: »Russlands Präsident Putin zitiert das Johannes-Evangelium, um seinen Krieg in der Ukraine zu legitimieren.« Hoffentlich nimmt keiner Putin dieses fromme Gerede ab. Damit wird Gott verhöhnt – das tat Bileam nicht.

Bileam macht sich also auf den Weg, zusammen mit der Delegation der Regierung von Moab. Plötzlich weicht Bileams treue Eselin aus, drückt sich an die Wand und weigert sich weiterzugehen.

Eine Bäuerin hat mir erzählt, dass Esel bei Gefahr stehenbleiben, keinen Schritt mehr tun und die Situation genau analysieren. Ein Ross scheut vielleicht, aber rennt, wenn man auf es einprügelt, mitten in die Schlacht. Genau das macht ein Esel nie, und macht auch Bileams Eselin nicht. Sie sieht mehr als der Seher Bileam. Aber Bileam ist mächtiger als seine Eselin. Und wenn man mit Worten nichts erreicht, dann gilt, was Goethe im Erlkönig so formuliert: »Und bist du nicht willig, so brauch' ich Gewalt.« Bileam als Mächtiger, aber in die Ecke Getriebener, in seiner Ehre verletzt durch eine Schwächere, wird gewalttätig. Parallelen dazu gibt es zuhauf.

Nico ter Linden, ein niederländischer Theologe, hat mir aber auch bewusst gemacht, dass wir selbst sehr schnell gewalttätig gegenüber uns selbst werden. Er schreibt:

»Der Heilige Franziskus nannte seinen Köper »Bruder Esel«, der ihn führte und ihm diente voller Treue entlang den Wegen des Herrn.

Bileams Bruder Esel verweigert den Dienst ... Er möchte nicht hören, was Bruder Esel ihm sagen will. Nicht selten sendet der Körper des Menschen Signale aus, die der Mensch ignoriert. Schmerzen im Rücken, im Kopf, im Magen, die Hände beben ... bis das Tier sich ganz verweigert und sich hinlegt.«
Nico ter Linden, Es wird erzählt, Band 1, 303

Und dann? Lassen wir uns von Gott dann die Augen öffnen über uns selbst, oder schlagen wir weiter auf Bruder Esel oder Schwester Eselin, unseren Körper, ein?
Wie einfach ist es, den Schwächeren zu schlagen und mit noch mehr Gewalt zu drohen! Aber Gewalt zeigt immer die eigene Schwäche und über kurz oder lang gewinnt Gewalt kaum. Unser Körper sagt Nein, wenn man ihm Gewalt antut. Eine gewaltbereite Regierung hat lange Macht, aber im günstigen Moment siegt in der Regel der Schwächere.

Knapp zehn Jahre lang haben wir Friedensdekaden in den DDR-Kirchen gehabt. Zunächst ging es gegen die nukleare Aufrüstung diesseits und jenseits des Eisernen Vorhangs. Dann aber auch um die Bewahrung der Schöpfung, die Chemieindustrie, die Braunkohletagebauten, die Verseuchung der landwirtschaftlichen Böden, um die Bespitzelung durch die Staatssicherheit, um Ungerechtigkeiten und um Gewalt. Montagsgebete gab es in Leipzig viele Jahre lang. Nach einer ersten Euphorie wurden es immer weniger treue Beterinnen und Beter, die montags kamen oder jährliche Friedensdekaden in Ost und West durchführten. Ich erinnere mich an ein paar alte Leute, versprengt mit wenigen Jungen, damals in den 1980er-Jahren bei uns in der Gemeinde. Das war ein zaghafter friedlicher Widerstand. Dann kam der günstige Moment, in der Theologie redet man vom Kairos, dem günstigsten uns von Gott geschenkten Zeitpunkt, an dem alles stimmte, um als scheinbar Schwächere etwas zu bewirken. Mit Gottes Hilfe konnten wir die friedliche Revolution im Herbst 1989 durchführen.

Hier, bei Bileam erträgt die Eselin viel. Der Widerstand der Eselin ist zunächst nur eine Verweigerung trotz Gewalt. Aber die Eselin sieht mehr, und im Kairos beginnt sie zu widersprechen.
Werfen wir bewusst einen Blick auf die Tiere. Wir Menschen haben tatsächlich Macht über sie. Wie üben wir diese aber aus? Sind wir Des-

poten, oder sorgen wir für die Mitgeschöpfe, wie die Bibel sie bewusst nennt? Wollen wir Tiere klein halten, sie ausbeuten und im Extremfall zu unserem Vorteil töten, oder sorgen wir für sie, lieben wir sie als Wesen, die Gott gewollt hat genauso wie uns? Wenn Macht in Gewalt umschlägt, widerspricht dies der lebensbejahenden Liebe Gottes zu dieser Welt und was auf ihr lebt und existiert.

In der Geschichte hat die Eselin ein Sensorium für Gottes Botschaft. Ich frage mich, wenn ich Tiere beobachte, ob sie dies nicht bis heute behalten haben. Sie sehen, hören, riechen, spüren oft mehr als wir denkende Wesen. Wir verdrängen und reden uns Dinge gern schön. Könnte es sein, dass Tiere einen besseren Draht zu Gott haben?

Werfen wir zum Schluss einen Blick auf Rembrandts Bild von Bileam und der Eselin (1626, Paris, Musée Cognacq-Jay). Die Eselin geht in die Knie. Heftig schlägt Bileam auf sie ein – mit dem Stock. Heftig droht der Gottesbote – mit dem Schwert. Die Gesandten Balaks, wie die zwei begleitenden Diener, nehmen diesen Kampf scheinbar nicht wirklich wahr. Das erinnert an das Erlebnis des Paulus vor Damaskus, als er erblindet, aber die Begleiter nicht begreifen, was geschieht. Auf dem Bild reagiert die Eselin heftig. Sie wirft den Kopf zurück. Bileam verharrt im ausholenden Schlag, der Engel ebenso. Und die Eselin stellt ihre Frage nach dem Warum?

Wir befinden uns in der Passionszeit. In dieser Zeit vor Ostern erinnern sich die Kirchen weltweit an den Leidensweg Jesu bis zu seinem Sterben. Wir werden uns aber auch bewusst, wo, wie und wer heute wen und wo schlägt, wer heute leidet und wie, weil er geschlagen wird. Völker, Menschen, Tiere, die Schöpfung.

Im allerletzten Moment, im Kairos, im göttlich geschenkten Moment reagiert ein Tier. Gott rettet mit ihm Bileam und sein Volk. Ja, Gottes Volk wird gesegnet. Bileam hat begriffen, dass man Gottes Beurteilung einer Situation nicht erzwingen kann. Er hat sich von den Mächtigen befreit und hört wieder ganz auf Gott, der sich in einem Menschen am Kreuz offenbart. Auch das müssen manche Kirchen und ihre Vertreter neu lernen.
Segen geben wir nur weiter. Den können wir nicht machen. Segen

heißt, sich unter Gott stellen und auch Mächtigen im Auftrag Gottes zu widerstehen. Irische Segensworte drücken dieses sehr praktisch und schlicht aus: Mit Kraft und Fleiß rüste mich am Morgen aus, mit guter Verfassung und einem bescheidenen Gemüt. Gib Stärke und Weisheit meinen Gedanken, führe mich deinen Weg, o Gott.

Wo ist Tiger?
Kurzansprache zu Welttiertag und Erntedank

Monika Lehmann-Etzelmüller

Als Pfarrfamilie sind wir schon mehrmals umgezogen. Alle haben das gut überstanden, nur unser Kater nicht. Er will nicht umziehen. Wenn wir gerade anfangen, uns in Sicherheit zu wiegen, nutzt er den nächsten Freigang zur Flucht. Die Tage von Katers Abwesenheit laufen immer nach demselben Muster ab. Erst machen wir uns keine Sorgen, er ist halt ein Streuner. Dann wird die Frage: Wo ist Tiger? immer häufiger und lauter. Wir beruhigen uns gegenseitig. Trotzdem steigen in mir Bilder von dem Kater im Straßengraben auf, verletzt oder Schlimmeres oder Kater eingesperrt in einem Keller. Dann merke ich, dass mir das alles überhaupt nicht egal ist. Der Kater ist zu einem lieben Familienmitglied geworden, wenn auch zu einem besonders faulen und gefräßigen. Er gehört dazu. Jedes Tier ist eine eigene Persönlichkeit. Es hat seine Eigenarten. Keins ist wie das andere, gerade wie wir Menschen auch. Wer das entdeckt, steht ratlos vor den Gesetzen der Massentierhaltung.

In dem Buch »Die Wand« wacht die namenlose Ich-Erzählerin eines Morgens in der Jagdhütte ihres Cousins auf und stellt fest, dass zwischen ihr und einer leblos gewordenen Welt eine Wand ist, die sie nicht sehen und nicht überwinden kann. In ihrer eng begrenzten Welt kämpft sie ums Überleben. Die Kuh im Stall ist kein Ding mehr. Sie ist Garantin des Überlebens und Verbündete. Der Hund wird zum unentbehrlichen Begleiter bei der Jagd. Die Tiere erscheinen aber nicht nur in ihrem Nutzen. Eine Katze, die ihr zuläuft und nichts zum Überleben beitragen kann, wird zu einer wichtigen Gefährtin. Die Reduzierung auf das Begrenzte, das Wenige zeigt: Jedes Leben ist ein Geschenk. Der Wert ist unermesslich.

Erntedank und Welttiertag stehen nicht nur zeitlich nah beieinander. Der Gedanke, dass jedes Leben ein Geschenk ist, passt zu beidem. Im Gottesdienst beten wir mit Worten aus Psalm 36: »Du, Gott, hilfst Menschen und Tieren« (Ps 36,7). Wir können Gott beim Helfen

helfen. Durch unser Einkaufen, unsere Ernährung. Wenn wir auf Tiere und Pflanzen achten und uns, wie Gott es tut, zu ihren Verbündeten machen. Gott ist Gott aller Geschöpfe und der, der sie gibt, jedes einzelne Leben gibt. Ja, Gott, du hilfst Menschen und Tieren.

Und Tiger? Er hat wieder nach Hause gefunden. Gott sei Dank.

Tier und Mensch bei Zwingli

Sara Kocher

Lesung

Und nicht allein der Mensch ist von göttlichem Geschlecht, sondern alle, obwohl das eine edler oder freier ist als das andere. Aber dennoch sind sie vom Geschlecht her aus Gott oder in Gott, und je edler ein Geschöpf ist, umso mehr verkündet es die Ehre und die Macht Gottes. Oder verkünden etwa nicht diejenigen, die zur Gattung der Nagetiere gehören, die Weisheit und Vorsehung der Gottheit mit voller Kehle? Ja, der Igel trägt mit seinen Stacheln so kunstvoll eine nicht geringe Anzahl von Äpfeln in seine Schlafkammer, indem er sich über sie wälzt und sie so an seine Stacheln heftet. Ja, und die Murmeltiere stellen eines von ihnen an einem hohen Ort auf, damit die anderen beim Herumeilen und bei der Arbeit nicht eine plötzliche Gefahr überfällt, auf die jenes nicht mit zeitigem Pfeifen hinweist, während das übrige Rudel unterdessen von überall her weiches Heu pflückt. Und weil sie keinen Wagen haben, benutzen sie sich selbst als Wagen. Denn einer streckt sich aus und umarmt und hält das Heu, das man ihm auf den Bauch und die Brust legt, mit allen Füßen fest, ein anderer packt den Gefährten, der nun ein Wagen geworden ist, am Schwanz und zieht ihn zusammen mit der Ernte in die Schlafhöhle, wo sie die Kälte des unbarmherzigen Winters im Schlaf überstehen. Ja, das Eichhörnchen gebraucht ein größeres Stück Holz, das es mit dem Mund zum Ufer schleppt, als Schiff, um darauf überzusetzen, indem es zugleich den buschigen Schwanz aufstreckt, und wenn die Brise es antreibt, braucht es kein weiteres Segel.

Welches Wort, welche Rede, ich bitte euch, könnte die göttliche Weisheit besser preisen als diese, die doch unter den Lebewesen zu den niedrigsten gehören?

Huldrych Zwingli, Schriften IV, Zürich 1995, 166

Predigt

Liebe Gemeinde! »Am Anfang wollte Octavia nichts mit mir zu tun haben. Sie erwiderte weder meinen Blick noch langte sie nach meiner Hand.« (NZZ Folio 7/2019, 12)

So beginnt ein Bericht von Sy Montgomery. Sie ist eine amerikanische Naturforscherin. Octavia ist kein Mensch. Octavia ist ein Tier, und sie ist nicht irgendein Tier. Sie ist eine Riesenkrake, die vom Meer ins New England Aquarium in der Nähe von Boston gebracht worden war. Die Naturforscherin nimmt mit der Krake Kontakt auf. Zuerst vergebens. Erst als sie Octavia mit einer Riesenzange einen Kalmar anbietet, reagiert das Meerestier: Sie nimmt nicht nur den Kalmar, sondern umfängt mit ihren Fangarmen die Forscherin. Sie ist drauf und dran, diese ins Wasser zu ziehen. Montgomery bewegt sich nicht. Nach einer Weile lässt Octavia von ihr ab. Doch es ist der Beginn einer einmaligen Freundschaft. Sie lässt sich nun von Hand füttern, dann streicheln.

Zwei Jahre lang dauert die Beziehung. Octavia kann die Farbe wechseln, und sie wird rot vor Aufregung, wenn die Forscherin zu ihr kommt. Als diese auf Forschungsreise ist und erst nach paar Wochen zurückkommt, fliegen sich die beiden buchstäblich in die Arme – und das sind viele – und halten einander fest. Dabei ist Octavia wählerisch. Sie mag nicht jeden Menschen. Einer Freundin spritzt sie acht Grad kaltes Salzwasser ins Gesicht.

Dann kommt der Moment, an dem Octavia Eier legt. Das tun Riesenkraken-Weibchen nur einmal in ihrem Leben, nämlich ganz am Schluss ihres Lebens. Sie kümmern sich um ihre Eierketten, pflegen und bewachen sie. Mit ihrem letzten Atemzug pustet das Muttertier die frisch geschlüpften Tierchen ins offene Meer hinaus – und stirbt dann. Die Eier von Octavia waren unbefruchtet, aber das wusste sie nicht. Aber auch ihr Leben ging – ohne Nachkommen gezeugt zu haben – mit der Eierablage zu Ende.

Die Naturforscherin Montgomery naht sich ihrer tierischen Freundin, um Abschied zu nehmen. Mit letzter Kraft kommt Octavia an die Oberfläche, sucht den Blick von Montgomery und streckt die Arme nach den Armen der Forscherin aus. Sie halten sich einige Minuten lang. Dann sinkt Octavia auf den Boden des Beckens zurück. (NZZ Folio 7/2019, 12 f.)

Ein Vortrag der Forscherin findet sich unter:
https://www.youtube.com/watch?v=r6Q0n8ttwao

Es ist eine erstaunliche Mensch-Tier-Geschichte aus unserer Zeit. Die Forscherin resümiert über diese Freundschaft. Sie wisse nicht, welcher Art die Liebe gewesen sei, die Octavia gefühlt habe. Aber: »dies ist womöglich das größte der vielen Geschenke, die sie mir machte: das Wissen um die Möglichkeit, unsere Liebe auszuweiten – und indem wir das tun – das menschliche Herz zu vergrößern.« (13)

Es ist wohl das Edelste, was jemand über das Verhältnis von Tier und Mensch schreiben kann. Die Forscherin benutzt keine religiöse Sprache. Doch was ist Religion anderes als eine stetige Einübung in die Klarheit des Handelns, wofür ist sie da, als unsere Liebe auszuweiten? Welchen Sinn hat Religion, außer dass sie letztlich dazu dient, das menschliche Herz »zu vergrößern«?

I.

Was Zwingli wohl über diese Geschichte einer Freundschaft zwischen einer Frau und einer Riesenkrake gesagt hätte? Bei ihm finden wir keine solchen Geschichten. Er denkt auch anthropozentrisch, der Mensch steht für ihn im Mittelpunkt. Dennoch: Alle Lebewesen, Tiere und Menschen sind bei Zwingli aus göttlichem Geschlecht. Die einen sind einfach edler oder freier als andere. Das wäre also auch Octavia, die Riesenkrake: aus göttlichem Geschlecht.

Doch Zwingli denkt und fühlt nicht wie eine Forscherin und Tierfreundin aus unserer Zeit. Er ist ein Mann des 16. Jahrhunderts, ein Bauernsohn aus dem Toggenburg, der Theologie studiert hat und durch ständige Weiterbildung schließlich zu einem großen Gelehrten geworden ist. Er ist ein lebensbejahender, humorvoller Mensch, der an die Entwicklung des Menschen glaubt. Das wird besonders deutlich, wenn wir hören, wie er über Tier und Mensch redete und was der Unterschied sei.

Was unterscheidet aber den Menschen vom Tier? Was wäre Ihre Antwort darauf? Betrachten Sie den Menschen als etwas Höheres, Besseres als ein Tier? Und wenn ja, mit welcher Begründung? Womöglich haben Sie an die Vernunft, an das Planen, an all das gedacht, zu dem der Mensch fähig ist? Oder umgekehrt: An all die Eigenschaften der Tiere, zu denen wir nie fähig sein werden? Oder haben Sie sich daran erinnert, wie viele Forschungen laufend aufzeigen, wie nahe manche Tiere uns stehen? Wann ist der Mensch denn ein Mensch? Mit dieser Frage beschäftigt sich Zwingli intensiv. Bestimmt haben Sie bei der Lesung gehört, welchen Quatsch Zwingli da schreibt: dass der Igel die Äpfel auf seine Stacheln aufspieße, ein Murmeltier von anderen als Heuwagen gebraucht werde oder dass das Eichhörnchen mit einem Stück Holz Schiff fahre. Diese Beispiele waren Zwingli aus der Naturalis Historia des römischen Gelehrten Plinius bekannt. In einem gigantischen Werk hatte Plinius das antike Wissen griechischer Gelehrten wie Aristoteles oder Hippokrates dargestellt. Dieses Werk war im Abendland über Jahrhunderte die wichtigste Wissensgrundlage in Bezug auf Medizin, Geographie oder Naturwissenschaft. Es wurde ständig herangezogen. Das tut auch Zwingli in anerkannter Weise und wiederholt zoologischen Unsinn.

Nur beim Murmeltier fügt Zwingli unvermittelt eigenes Wissen bei. Der Toggenburger Bauernsohn aus dem Säntisgebiet weiß wohl aus eigener Anschauung, dass Murmelis eines der Tiere als Wächter aufstellen, um die anderen rechtzeitig vor Gefahren wie Adlern zu warnen. Positiv hebt Zwingli hervor, dass derweil die anderen Tiere der Arbeit nachgehen können. Das Beispiel zeigt wunderbar, wie Zwingli sich einerseits ganz im zeitgenössischen Wissen der Gelehrten bewegt, andererseits dann doch etwas beifügt, was er selber beobachtet hat. Seine bäuerliche Herkunft wird auch deutlich, wenn er von der Schönheit des Hahns im Hühnerhof schwärmt. Den Hahn findet er viel toller als den Stier. So sehr, dass Zwingli mit einem verblüffenden Vergleich überrascht: So wie der Hahn den Stier überträfe, überträfen die Menschen die Engel. Der Mensch sei nämlich das schönste aller Geschöpfe. Das klingt in Zwinglis Worten dann so:

»Mit buschiger Mähne war der Löwe hervorgegangen, furchterregend mit Zähnen und Klauen; kräftig war der am ganzen Körper zottige Bär aus seiner [Gottes, Anm.] Hand hervorgegangen; es war der Hirsch mit verästeltem Geweih entsprungen, mit Fell bedeckt und mit unübertreffbar schnellen Läufen versehen, und alle die übrigen Lebewesen, die jeweils mit ihren Stacheln, Lanzen und Schildern geschützt waren.«

Dann nimmt er Anlauf, um die Schönheit des Menschen zu preisen: »Aber, ihr guten Götter, wie weit entfernt von jeglicher Schroffheit ist der menschliche Körper geschaffen worden! [...] Da der Mensch nämlich zum Genuss von Gott und allen Geschöpfen geboren war, gehörte es sich auch, dass sein Körper dieser Sanftmütigkeit, Friedseligkeit und Freundschaft angepasst wurde.«

Huldrych Zwingli, Schriften IV, Zürich 1995, 180 f.

Der Mensch ist also dazu da, damit Gott und die anderen Geschöpfe ihn genießen können! Das muss man zuerst mal wirken lassen. Aber mehr noch: Wir haben keine Reißzähne, keine Panzer, keine Klauen, damit wir sanftmütig und friedfertig leben! Das sitzt. Wir können uns ja nicht einmal in Ansätzen all die Kriege, all die menschlichen Grausamkeiten vor Augen führen, zu denen der Mensch fähig war und ist.

Gerade lese ich die dreitausendseitige Romantrilogie von Ken Follet über das zwanzigste Jahrhundert. Es ist eine Aneinanderreihung von Krieg und Gewalt. Das letzte Jahrhundert, in dem die meisten von uns hier geboren sind, kannte nicht nur die beiden großen Weltkriege, sondern Hunderte von Kriegen und Schlachten.

Auch Zwinglis Jahrhundert hatte seine Kriege. Er selbst fällt 1531 im Zweiten Kappelerkrieg. Allerdings war Zwingli kein Freund des Krieges. Er hatte die Hoffnung, mit der Reformation eine Friedenszeit einzuläuten. Die Kriege galten ihm als letzte, unausweichliche Verteidigung dieser neuen friedlichen Zeit.

Zwinglis Aussage zum sanften Körper des Menschen, der für die Friedfertigkeit geschaffen ist, wirkt wie ein Hohn im Vergleich zur Realität der menschlichen Geschichte – auch zu seiner eigenen. Dieser schöne, für die Friedfertigkeit geschaffene Körper des Menschen ist für Zwingli ein erster Unterschied zum Tier, vor allem zum wilden Tier.

II.

Zwingli hatte aber auch schlicht Freude an der Vielfalt der Tiere. Das wird in folgendem Zitat deutlich. Zwingli hat ja lateinisch geschrieben. Leo Jud, ein enger Mitarbeiter Zwinglis, hat es ins damalige Deutsch übersetzt:

»Ein yettlich Ding stadt in syner Ordnung: da die fläcketen Parden, da die grimmen Tygertier, da die behilflichen Ochsen, da die klugen und wolmerckenden Ross; oben schwäbend die röubigen Adler, die wolriechenden Gyren [Geier]; da syend die frölichen Nachtigallen, da die lutschryenden Amsslen; da schwymmend die eynöugigen Husen [Thunfische], dört erspringend sich die Delphynen; da thuend sich uff de unbefindtliche und unbeholffenen Schnäcken; dort haltnd uff sy die Fisch Polipi genant, di ir Fleisch roubend und fressend.«

Huldrych Zwingli, Sämtliche Werke, Band VI,I, 126. Hier in der Übersetzung von Leo

Jud, in: Zwingli, Hauptschriften, Zwingli, der Prediger, II. Teil, Zürich 1941, 139f. Den Hinweis auf die Übersetzung verdanke ich Samuel Waldburger, Zürich.

Die Freude an der Vielfalt der Geschöpfe wird hier deutlich. Der Theologe fasst zusammen:
»nichts ist, was nicht die Gottheit ist; denn diese ist das Sein aller Dinge.«
Zwingli, Schriften IV, Die Vorsehung, 159

Wenn in allem Gottheit ist, dann kann Gott kein Lebewesen verachten, weder die Kakerlake noch das Krokodil. Denn wenn Gott ein Tier verachten würde, würde er ja etwas von sich selbst verachten! Übrigens: Auch am menschlichen Körper gibt es nichts, worin nicht Gott ist. Wer Zwingli Lustfeindlichkeit unterschiebt, hat nie Zwingli gelesen. Statt zu verachten, liebt Gott all seine Geschöpfe. Das klingt dann so:
Gott liebt nicht nur den Menschen, der das edelste Tier sei, »sondern alle seine Geschöpfe, denn wenn er sie nicht lieben würde, dann würde er sie nicht erschaffen, nicht erhalten, dann würde er nicht in ihnen leben und weben.«
A. a. O., 191

Also würde nach Zwingli Gott auch in Octavia, der Riesenkrake, gelebt und gewebt haben. Hat nicht Sy Montgomery, die menschliche Freundin der Krake, davon gesprochen, dass solche Freundschaften den Menschen lehre, in Sachen Liebe weiterzudenken? Mit Zwinglis Theologie könnte man nun ebenso sagen: Dieses Tier lehrt uns, wie andere Tiere auch, weiter und größer von Gott zu denken.

III.
Zwinglis lebensbejahende Theologie beeinflusste wohl auch Menschen wie Conrad Gesner, dessen Zeichnungen Sie auf dem Blatt finden *(kopierte Blätter mit Zeichnungen waren an die Gemeinde verteilt worden)*. Gesner war ein hochintelligenter Schüler aus armen Verhältnissen. Noch ein Jahr vor Zwinglis Tod wurde er ein Schützling Zwinglis, der ihn unter die Stipendiaten des Studentenamtes aufnahm. Gesner wurde Arzt und Naturforscher, ein Universalgelehrter, vergleichbar mit Leonardo da Vinci. Er tat all dies aus einem christlich-reformierten Glauben heraus. Um die Vielfalt von Gottes Lebewesen und Schöp-

fung zu zeigen, beschrieb er alle Tier- und Pflanzenarten, die um 1550 bekannt waren. Es wurde ein Werk von 4500 Seiten.

IV.

Was unterscheidet den Menschen vom Tier? Zwingli gibt darauf klare Antworten. Vielleicht ist folgende Aussage für uns die wichtigste: Der Mensch unterscheidet sich vom Tier dadurch, dass er Kenntnis von höheren und besseren Dingen hat. Wenn wir uns nur um Essen, Haus und Nachwuchs kümmern würden, wären wir nach Zwingli also nicht anders als die Tiere. Erst die Erkenntnis macht aus dem Tier Mensch einen Menschen. Sein Menschenbild ist auf Entwicklung angelegt.

Was aber heißt Erkenntnis? Ein Beispiel dafür, das auf die Tiere bezogen ist, will ich zum Schluss anführen.

Wilde Tiere wie Bär, Wolf oder Tiger betrachtet Zwingli als ungerechte Tiere und zwar deshalb, weil sie nicht arbeiten, sondern rauben und andere Tiere töten. Doch diese Tiere können nicht anders. Gerade die wilden, »ungerechten« Tiere helfen dem Menschen zur Erkenntnis. Du schimpfst und lästerst über den bösen Wolf? Zwingli würde sagen: Das wilde Tier ist für dich wie ein Spiegel für die eigene Ungerechtigkeit. Du kannst es erkennen und weil du Mensch bist, kannst du damit aufhören.

Wir sollten uns also fragen: Was raube ich anderen? Wo nehme ich mir Dinge, die mir nicht zustehen? Wo nehme ich Leben, wo lasse ich töten, um selber zu leben oder mich zu bereichern?

Die heutige Zeit kennt eine nie dagewesene Massenschlachterei von Tieren im Kampf um tierische Billigprodukte auf dem Markt. Sie machen aus den göttlichen Mitgeschöpfen bloße Ware. Hier entsteht der Sache mit der Ungerechtigkeit die größte Herausforderung. Doch wie war das nochmals? Nur die Erkenntnis höherer Dinge unterscheidet uns vom Tier.

Identität

Widerstehen
Predigt über Ex 1

Sara Heinrich

Brüder und Schwestern, eine schwierige Situation: Das Volk Israel lebt schon seit vielen Jahren in Ägypten. Es war dorthin geflohen wegen einer Dürre und Hungersnot. Unerwartet hatten die Söhne Jakobs dort ihren kleinen Bruder Josef wiedergetroffen. Auch er ein Geflohener, vor der Gewalt seiner Brüder. Nicht als freier Mann, sondern als Sklave war er damals nach Ägypten gekommen. Er hatte es, dank seiner besonderen Fähigkeit, den Pharao bei der Führung des Landes zu beraten, geschafft, sich aus den Mühlen von Unterdrückung und Sklaverei zu befreien. Er war aufgestiegen zum königlichen Berater, genoss das Vertrauen des Pharao und half, die Bewohner Ägyptens, zu dem später eben auch sein eigenes Volk gehörte, vor Bedrohung zu beschützen. Und es gelang ihnen gut, es herrschte Frieden und Sicherheit im Land.

Die Josefsgeschichte bildet den erzählerischen Hintergrund unseres heutigen Bibeltextes. Sie schildert den Übergang zu einer neuen Zeit. »In Ägypten kam ein neuer König an die Macht, der Josef nicht gekannt hatte.« (Ex 1,8) Was geschah, würden wir wohl als Abbruch politischer Beziehungen bezeichnen. Das bedeutete nicht nur das Aus der Beratungen und Zusammenarbeit, sondern auch die Auflösung des über Jahre gewachsenen Vertrauensverhältnisses.
Vom neuen König wird ein ziemlich finsteres Bild gezeichnet: Er schien die Geschichte, die Vergangenheit des eigenen Landes nicht zu kennen, zumindest glaubt er, die politischen Allianzen und persönlichen Beziehungen der Vergangenheit nicht mehr zu benötigen. Und das, obwohl er sehr wohl von den Projekten profitierte, die Josef als Mitarbeiter des Pharaos erdacht hatte. So realisiert der neue König beispielsweise die Vorratsstädte Pitom und Ramses. In scheinbar völliger Unkenntnis über deren Geschichte zwingt er ausgerechnet das Volk der kreativen Schöpfer des Projektes zu dessen materieller Errichtung. »Da setzte man Fronvögte über sie ein, um sie durch schwere Arbeit unter Druck

zu setzen. Sie mussten für den Pharao die Städte Pitom und Ramses als Vorratslager bauen.« (Ex 1,11)

Man kann vielleicht sagen, dass der neue König den Prototypen eines Herrschers verkörpert, der ignoriert, dass ein großer Teil der eigenen Geschichte das Resultat erfolgreicher Kooperation mit anderen Völkern und Kulturen darstellt. Für die Gestaltung der Gegenwart und Zukunft scheinen diese irrelevant geworden, ja eher eine Gefahr als eine Bereicherung für das Land zu sein. Vergessen die Zusammenarbeit zwischen Josef und dem Pharao, vergessen auch, dass Josef eine Ägypterin geheiratet hatte, vergessen die Kinder dieser Verbindungen, vergessen die gemeinsamen erfolgreichen Bemühungen um das Überleben der Bevölkerung Ägyptens.

Er sagte zu seinem Volk: »Seht nur, das Volk der Israeliten ist größer und stärker als wir. Gebt acht! Wir müssen überlegen, was wir gegen sie tun können, damit sie sich nicht weiter vermehren. Wenn ein Krieg ausbricht, können sie sich unseren Feinden anschließen, gegen uns kämpfen und sich des Landes bemächtigen.« (Ex 1,9 f.)

Für den neuen König ist das Volk Israel offensichtlich nicht mehr als eine Gruppe von potenziell gefährlichen Elementen, die kontrolliert werden müssen, damit sie nicht eines Tages die Machtverhältnisse im Land zu seinen Ungunsten verschieben. Von dieser Angst getrieben beschließt der neue König, das ›fremde‹ Volk mit Zwangsarbeit zu kontrollieren und zu unterdrücken. Und so ändern sich die Verhältnisse im Land und zwischen den Bürgern: Personen, die in der Vergangenheit friedlich zusammengelebt hatten, die vielleicht sogar Gewinn aus der Gemeinschaft gezogen hatten, verwandeln sich nun in Feinde. Ein Teil steht nun gegen den anderen: auf der einen Seite die Unterdrücker, auf der anderen die Unterdrückten.

»Daher gingen sie hart gegen die Israeliten vor und machten sie zu Sklaven. Sie machten ihnen das Leben schwer durch harte Arbeit mit Lehm und Ziegeln und durch alle möglichen Arbeiten auf den Feldern. So wurden die Israeliten zu harter Sklavenarbeit gezwungen.« (Ex 1,13 f.)

Historische Vergleiche drängen sich auf, Bilder von Arbeitslagern aus unserer Vergangenheit, aber auch aus der Gegenwart. Der Bibeltext berichtet von der Errichtung eines Systems, geschaffen zur strukturellen Verfolgung und Unterdrückung bestimmter Menschen, Gruppen oder Völkern.

Die strategische Unterdrückung hatte nicht das erwünschte Ergebnis, und daher suchte der neue König andere, effektivere Möglichkeiten zur Kontrolle des Volkes Israels. Auf der Suche nach Gehilfen zur Realisierung wendet er sich an die Hebammen und verlangt von ihnen, jeden männlichen Neugeborenen der Israeliten zu töten.

»Zu den hebräischen Hebammen – die eine hieß Schifra, die andere Pua – sagte der König von Ägypten: Wenn ihr den Hebräerinnen Geburtshilfe leistet, dann achtet auf das Geschlecht! Ist es ein Knabe, so lasst ihn sterben!«. (Ex 1,15 f.)

Die Lutherbibel, wie auch die meisten anderen übersetzen *hebräische* Hebammen, doch der hebräische Text ist nicht eindeutig, was die Nationalität der Hebammen angeht. Möglich ist auch eine Wiedergabe mit »die Hebammen für die Hebräerinnen«. Es lässt sich also nicht mit Sicherheit sagen, ob der König versuchte, die hebräischen Hebammen zu überzeugen, sich gegen die eigenen Leute zu wenden, oder ob der König sich mit seinem Anliegen an ägyptische Hebammen wendet, die den Hebräerinnen bei der Entbindung beistehen.

Die Gesprächssituation, die respektvolle Anrede und der Umstand, dass der König den Hebammen auch zuhört, legen aus meiner Sicht nahe, dass er sich an Hebammen aus seinem eigenen Volk wendete. Aber wie auch immer man sich in der Übersetzung entscheiden mag, so zeigt uns der Bibeltext in jedem Fall zwei Frauen, die sich nicht zu Handlangern des Königs und seiner Anliegen machen lassen. Der Text führt uns zwei Frauen vor Augen, die sich zum Ungehorsam gegenüber dem Machtsystem entscheiden.

Natürlich dürfen wir das Exodusbuch nicht als historischen Bericht missverstehen. Er lässt sich nicht einmal mit Sicherheit einer bestimmten historischen Epoche zuordnen. Das, was uns die Erzählung präsentiert, ist vielmehr typisierte Geschichte, zu einer Essenz eingedampfte historische Erfahrung, die in der realen Welt natürlich viel komplexer war. Mithilfe dieser Typisierung gelingt es dem Text, sichtbar zu machen, was in der Gegenwart oft verborgen oder unsichtbar bleibt: Er zeigt uns Widerstand inmitten von Unterdrückung. Natürlich muss es mehr als zwei Hebammen in Ägypten gegeben haben, und sehr wahrscheinlich hat es eine Mehrheit als ihre oberste Pflicht erachtet, dem Befehl des Herrschers zu entsprechen. Aber der Text erinnert uns daran, dass es auch andere Hebammen gab, diejenigen, die der

Aufforderung zur Tötung nicht nachkamen, die es als ihre Pflicht ansahen, Widerstand zu leisten. Sicherlich war es eine Minderheit, aber es gab sie, diejenigen, die ihrem eigenen Gewissen, der ethischen Verpflichtung ihres Berufes und dem Willen Gottes folgten.

Das, was der Bibeltext sichtbar macht, geschieht auch heute, in der gegenwärtigen Welt, wenn auch oft in verborgener oder unsichtbarer Form:

Die beiden Hebammen repräsentieren diejenigen Menschen, die gegen explizite Anordnung des Naziregimes Juden ein Versteck boten. Die beiden Hebammen repräsentieren die Kriegsdienstverweigerer in Russland, in Israel und in vielen anderen Ländern, die den Respekt vor dem Leben höher bewerten als den Dienst an der Waffe. Die beiden Hebammen repräsentieren alle diejenigen, die den Mut aufbringen, Gewalt, Unterdrückung und Widerstand zu leisten – nicht nur in historischen Konflikten, sondern in den aktuellen, gegenwärtigen Konflikten unserer Welt: in der Ukraine, in Libyen, in Afghanistan, in Israel, in Russland und in vielen anderen Orten.

Die beiden Hebammen, so sagt es der Text, »fürchteten Gott [...] und taten nicht, wie der König von Ägypten ihnen gesagt hatte, sondern ließen die Kinder leben.« (Ex 1,17) Trotz der politisch veränderten Situation in Ägypten wussten diese beiden nicht nur, was der Wille Gottes war, sondern bezeugten diesen Willen auch mit ihrem Handeln. Sie erinnern uns daran, dass keine Regierung dieser Welt jemals absolute Autorität für sich in Anspruch nehmen oder bedingungslosen Gehorsam einfordern kann. Sie erinnern uns daran, dass Gott nicht auf der Seite einer Nation steht, sondern auf der Seite derer, die sich für das Leben und den Frieden einsetzen.

Unser Bibeltext erhellt wie durch einen flüchtigen Funken der Hoffnung die schreckliche und gewaltvolle Gegenwart unserer Welt. Er verurteilt niemanden und klagt nicht diejenigen an, die aus Angst, Unwissenheit oder Resignation den Mächten der Welt entsprechen. Aber er zeigt uns das Bild zweier Frauen, zweier Hebammen, die den Mut gefunden haben, den weltlichen Mächten Widerstand zu leisten und Gott zu folgen. Damit leuchtet auf, was normalerweise unsichtbar bleibt: die Gesten der Hoffnung und des Friedens, Zeichen des Reiches Gottes in unserer Welt.

Martin Luther und die Juden

Christian Schwarz

Im Band » Unheilige Heilige« (2024) habe ich mich mit dem Thema »Luther und die Bauern« befasst. Weitaus problematischer ist indes, welche Haltung Luther im Laufe seines Lebens gegenüber Juden und dem Judentum gewann. Eine hervorragende Zusammenfassung mit Wiedergabe der in der Predigt behandelten und anderer Schriften Luthers zum Judentum findet sich unter: https://de.wikipedia.org/wiki/Martin_Luther_und_die_Juden

Seit Jahren schon kämpfen Menschen in unserem Land um Namen. Namen von Straßen und Plätzen. Sie wollen, dass die alten Namen verschwinden und neuen Platz machen. Weg sollen die Namen, die zu Menschen gehören, die in den Kolonialismus verstrickt waren oder rassistische Positionen vertreten haben. Ein prominentes Beispiel dafür ist der schwedische Asienforscher Sven Hedin, der selbst nach 1945 ein glühender Verehrer Adolf Hitlers blieb. Auf vielen Straßenschildern in unserem Land steht sein Name.

Inzwischen hat der Deutsche Städtetag reagiert und eine Handreichung für die Kommunen herausgegeben. Eine Umbenennung kann erfolgen, so heißt es dort, wenn die betreffende Person »gegen das Grundgesetz, die Menschenrechte und die Menschenwürde« verstoßen habe. Das sei angezeigt bei »Mitgliedschaft und leitender Funktion in diktatorischen oder kolonialistischen Strukturen, bei aktiver Verbreitung menschenfeindlichen Gedankenguts oder Teilnahme an Verbrechen gegen die Menschlichkeit bzw. Kriegsverbrechen«.

Deutscher Städtetag, Straßennamen im Fokus einer veränderten Wertediskussion. Handreichung des Deutschen Städtetages zur Aufstellung eines Kriterienkataloges zur Straßenbenennung, 6; siehe auch https://www.staedtetag.de/publikationen/weitere-publikationen/2021/handreichung-strassennamen

Mich wundert, dass bislang noch niemand gefordert hat, den Namen Luthers von Straßenschildern zu tilgen. Denn mit dem, was der Reformator gegen Ende seines Lebens gegen die Juden geschrieben hat, fiele er genau unter diese Kriterien. Das, was er da auf unzähligen Seiten ausgebreitet hat, ist schier unbeschreiblich.

Kein Wunder, dass sich die Nazis später auf ihn berufen konnten. Als bei den Novemberpogromen 1938 die Synagogen abgefackelt und Hunderte von jüdischen Mitbürgern ermordet wurden, erinnerte der damalige Thüringer Landesbischof Martin Sasse, selber ein fanatischer Nazi, an den Reformator:

»Am 10. November 1938, an Luthers Geburtstag, brennen in Deutschland die Synagogen. (...) In dieser Stunde muss die Stimme des Mannes gehört werden, der als der Deutschen Prophet im 16. Jahrhundert aus Unkenntnis einst als Freund der Juden begann, der, getrieben von seinem Gewissen, getrieben von den Erfahrungen und der Wirklichkeit, der größte Antisemit seiner Zeit geworden ist, der Warner seines Volkes wider die Juden.«

Zit. bei Uwe Lehnert, »Warum ich kein Christ sein will – mein Weg vom christlichen Glauben zu einer naturalistisch-humanistischen Weltanschauung«, Berlin 2011, 7, siehe auch https://hpd.de/node/13538?page=0,1

Wie konnte es dazu kommen, dass sich ein Nazi-Kirchenmann auf eine Lutherschrift berief, nach dem Motto: »Schaut her – wir tun genau das, wozu Luther schon damals aufgerufen hat!«? Leider, muss man sagen, konnte sich der thüringische Bischof zurecht auf Luther berufen. Denn die Ratschläge Luthers von 1543 hätten so auch im internen Maßnahmenkatalog der NSDAP stehen können.

In diesem letzten großen Werk Luthers über die Juden heißt es, ein Christ habe neben dem Teufel keinen giftigeren und bittereren Feind als einen Juden. Dabei hatte alles noch einigermaßen freundlich und scheinbar versöhnlich begonnen, zwanzig Jahre früher ...

1521 kommen die Auseinandersetzungen Luthers mit Kirche und Obrigkeit zu einem ersten Höhepunkt: Luther wird vor den Reichstag in Worms zitiert, um dort vor Kaiser und Papst seine Schriften zu widerrufen. Was er nicht tut. Im Schutze seines Landesherrn, des Kurfürsten Friedrich von Sachsen, lehrt und schreibt er weiter. Viele seiner Werke sind sogenannte Gelegenheitsschriften: Jemand hat eine Frage an Luther oder bedrängt ihn massiv. Luther reagiert dann, sei es in Briefform oder, wenn er größeres öffentliches Interesse vermutet, in gedruckter Form. Meist tut er das sehr gründlich, ausführlich und theologisch durchdacht.

Auch seine Schrift »Dass Jesus Christus ein geborener Jude sei« von 1523 ist eine Reaktion. Luther ist von Gegnern unterstellt worden, er predige nicht die Jungfräulichkeit Marias. Darauf antwortet er breit und verbindet damit die Erwartung, durch seine Worte könnten sich Juden zum Christentum bekehren lassen. Er sieht sich damit gerade nicht in Gesellschaft mit der Kirche seiner Zeit: Die sei nämlich bisher so unmöglich mit den Juden umgegangen, dass ein Christ eher ein Jude und ein Jude eher eine Sau denn ein Christ geworden wäre. Man habe, kritisiert Luther, die Juden behandelt, als seien sie Hunde und nicht Menschen. Von der Bibel und von Christus jedenfalls hätten Juden, die sich taufen ließen, noch nie etwas gehört, sondern nur von der Papstkirche.

Luther will eine andere Missionspraxis und erhofft sich, dass sich »recht viele« Juden zum Christentum bekehren würden, träte man ihnen gegenüber freundlich auf und unterwiese sie mit der Heiligen Schrift. Dann, so meint er, würden sie zum Glauben ihrer Väter und Propheten zurückfinden. Dabei zieht Luther einen interessanten Vergleich: Wenn die Apostel Jesu, die Juden waren, mit uns Heiden genauso umgegangen wären wie wir Christen mit den Juden, dann wären wir Heiden nie Christen geworden! Brüderlich muss deshalb den Juden begegnen, wer sie bekehren will.

Luther erinnert in diesem Zusammenhang daran, dass die Juden aufgrund ihrer Abstammung enger zu Christus gehören als wir (heidnischen) »Schwäger« und »Fremdlinge«. Nun will Luther sie zurück zu ihrem ursprünglichen Glauben bringen. Der jüdische Glaube erscheint ihm als Verirrung, so, als seien die Juden irgendwann in ihrer Geschichte falsch abgebogen – und dies hängt für Luther natürlich daran, dass sie Jesus nicht als Messias anerkennen. Dementsprechend intensiv setzt sich Luther in seiner Schrift mit der Messiaserwartung auseinander und versucht nachzuweisen, dass der Messias in Jesus bereits gekommen sei und es falsch sei, einen künftigen Messias zu erwarten, wie es die Juden tun.

Der Schluss seines Buches lässt aufhorchen: Luther fordert de facto, die gesellschaftliche Trennung zwischen Juden und Christen aufzuheben, damit die Juden im Umgang mit Christen auch die christliche Tradition kennenlernen und sich ihr womöglich anschließen. Außerdem will Luther die Arbeitsverbote für Juden lockern, die sie in den »Wucher« (d. h. ins Kreditgeschäft) treiben; auch gesonderte jüdische Wohnbezirke (Ghettos) sollen wegfallen. »Ob etliche halßstarrig seind / – was ligt daran / sind wir doch auch nit all güt Christen«.

Wittenberger Ausgabe von 1523, 37, siehe auch https://www.bavarikon.de/object/BSB-HSS-00000BSB00089301?lang=de

Was bleibt, wenn man sich die wichtigsten Gedanken Luthers in dieser Schrift noch einmal vor Augen führt?

Sein Optimismus, Juden zu Christen bekehren zu können.

Seine feste Überzeugung, das Judentum sei ein Irrtum und müsse zu seinen Wurzeln zurückfinden.

Sein Plädoyer für einen Umbau der spätmittelalterlichen Gesellschaft, der den Juden Anteil am sozialen Leben ermöglichen würde. Seit dem Mittelalter war es ja üblich, dass Juden ihre gesonderten Wohnbereiche hatten, so wie christliche Gesellschaftsgruppen (z. B. bestimmte Handwerker) auch. Im Spätmittelalter hatte die Kirche die räumliche Trennung der Juden allerdings zunehmend dringlich als Pflicht gefordert. Zu Luthers Zeit ergingen dann auch entsprechende Anweisungen des Papstes. Indem Luther zur Aufhebung der Ghettos riet, erwies er sich als progressiver Denker und hob sich deutlich vom Mainstream ab.

Zwanzig Jahre später hat sich manches verändert. Die Reformation ist vorangeschritten, aber mit Hindernissen. Längst nicht alle haben das neu entdeckte Evangelium, wie Luther es vertritt, mit Begeisterung aufgenommen. Manche haben es vehement abgelehnt – die römische Papstkirche. Andere haben es einfach ignoriert – die Juden.

Zwanzig Jahre sind eine lange Zeit, die einen Menschen in seinen Auffassungen verändern können. Nicht unbedingt grundsätzlich, aber: Bestimmte Züge, die schon zuvor da waren, treten nun im Alter auf einmal schärfer hervor als früher. Und so stellt sich die Frage: Ist das, was Luther 1543, drei Jahre vor seinem Tod, über die Juden schreibt, einfach maßlose Alterspolemik oder konsequente Fortschreibung seiner Theologie?

Aber hören wir ihn zuerst, den alten Luther in seinem 60. Lebensjahr, mit seinem umfangreichen Werk »Von den Juden und ihren Lügen«.

Auch diese Schrift hat einen aktuellen Anlass, der sich allerdings nicht mehr eindeutig nachweisen lässt. Luther bezieht sich auf einen Fall von Mission durch Juden. Im Gegensatz zu früher will *er* mit seiner Schrift nun keine Mission mehr betreiben – die hält er inzwischen für ein Ding der Unmöglichkeit. Die Juden seien von Jugend auf mit Gift und Groll gegen Christus erzogen worden. Und die Zerstörung des jüdischen Tempels im Jahr 70 zeige ja den Zorn Gottes über das gesamte jüdische Geschlecht und seinen Irrtum. Die Juden seien von Gott verworfen und nicht mehr sein Volk. Der jüdische Erwählungsgedanke ist für Luther damit an sein Ende gekommen, die Christen haben die Juden als das auserwählte Volk Gottes abgelöst.

Auf vielen Seiten stellt Luther dann die christliche Lesart der Bibel, v. a. des Alten Testaments dar. Dabei behauptet er, es fehle den Juden nicht nur am Geist Gottes, sondern auch an der normalen (»gemeinen«) menschlichen Vernunft (124). Christen, so versteigt er sich dann, hätten nach dem Teufel keinen schlimmeren Feind als einen rechten Juden, der mit Ernst ein Jude sein wolle (129). Deshalb hält Luther auch die jahrhundertelang gepflegten Lügengeschichten über Juden (Brunnen vergiften, kleine Kinder entführen und ermorden) für durchaus denkbar – den Willen dazu erkennt er jedenfalls in ihnen (129). Zauberer seien sie, Diebe und Räuber durch ihren Wucher (166).

Ja, jedermann sei nur froh, wenn die Juden »in ir Land« gehen wollten (damit meint er das Heilige Land, das hiesige ist für Luther also nicht ihr Land!), vielmehr bekämen sie sogar noch Geschenke dazu, weil jedermann froh sei, sie loszuhaben; sie sind »vns ein schwere last/ wie eine Plage/ Pestilentz und eitel Unglück in unserm Lande« (200). Auch den stereotypen Vorwurf Christus-Mörder bedient Luther. Es sei die Schuld der Christen, bisher all das unschuldige Blut, das die Juden vergossen hätten (zuerst Jesus, später Christen und sogar ihre Kinder), nicht gerächt und sie nicht totgeschlagen zu haben, sondern ihnen sogar noch Wohnung und Schutz gewährt zu haben, um von ihnen ausgesaugt und am Ende ermordet werden zu können.

Martin Luther, Von den Juden und ihren Lügen, Wittenberg 1543. Ich zitiere aus einer digitalisierten Ausgabe der Bayerischen Staatsbibliothek München, siehe auch https://www.bavarikon.de/object/BSB-HSS-00000BSB00031466?lang=de

»Was wollen wir Christen nu thun mit diesem verworffen / verdampten Volck der Jüden?« (203) Luthers Antwort: »Wir müssen mit Gebet und

Gottes furcht eine scharffe Barmhertzigkeit uben«. (204) Wie das aussehen soll, zeigen seine sieben Ratschläge:

Synagogen und Schulen soll man abbrennen und die verbliebenen Reste mit Erde zudecken, so dass keine Spur von der früheren Bebauung bleibt. Dabei beruft sich Luther auf das mosaische Gesetz, demzufolge eine Stadt abgebrannt werden muss, die Abgötterei betreibt!

Auch die Privathäuser von Juden sollen abgebrochen werden. Stattdessen »mag man sie [die Juden] vnter ein Dach oder Stal thun/ wie die Zigeuner,/ Auff dass sie wissen sie seien nicht Herrn in unserm Lande/ wie sie rühmen« (205)

Weiter soll alle religiöse jüdische Literatur vernichtet werden – die Quelle ihrer Abgötterei.

Außerdem wird für Rabbiner bei Todesstrafe ein Lehrverbot ausgesprochen – die Weitergabe der jüdischen Tradition soll dadurch unterbunden werden.

Juden sollen künftig auch nicht mehr reisen durfen, sondern auf ihren Wohnort beschränkt bleiben – damit würden bisherige geschäftliche Beziehungen zum Erliegen kommen.

Was die berufliche Tätigkeit der Juden betrifft, so soll der »Wucher« verboten werden, d.h. Juden dürften künftig nicht mehr im Kreditwesen tätig sein. All ihr Besitz sei ja ohnehin von den Christen gestohlen und geraubt.

Und schließlich sollen die jungen Juden und Jüdinnen zur harten, körperlichen Arbeit herangezogen werden und sich damit ihr Brot verdienen müssen. Begehren sie in dieser Zwangsarbeit gegen die Christen auf, so sollen sie außer Landes vertrieben werden. Luther führt hier die Beispiele europäischer Länder wie z.B. Spanien an, wo 1492 mit dem Granada-Edikt alle Juden im Land zur Konversion oder Emigration gezwungen wurden.

»Liebe Fürsten und Herrn« (213), so wendet sich Luther schließlich an seine Leserschaft und zeigt damit, dass er mit seiner Schrift zu durchaus konkreten politischen Maßnahmen aufruft. Die Pfarrherren und Prediger aber warnt er vor jedwedem Kontakt zu Juden. Mit ihnen zu reden oder gar zu essen und zu trinken, heißt mit dem Teufel Verkehr zu haben. (214f.) »Summa/ Wir haben rechte Teufel an jnen/ das ist nicht anders« (215).

In bizarrer Verzerrung nimmt Luther am Ende das Bild von der Sau auf, das er zwanzig Jahren vorher benutzt hatte. Hatte er damals gesagt, als Jude wäre er angesichts des bisherigen christlichen Umgangs mit Juden lieber eine Sau geworden als ein Christ, so heißt es nun: »Wenn mir Gott keinen andern Messia geben wolt/ denn wie die Jüden begeren vnd hoffen/ So wollt ich viel/ viel lieber ein Saw [Sau] denn ein Mensch sein.« (241)

Unsägliche Worte. Und noch einmal die Frage: Woher kommt diese maßlose Aggression, die aus Luthers Worten spricht?
Ist es der damals verbreitete Antijudaismus, dem Luther folgt? Er war zu seiner Zeit allgemeines Gedankengut. Viel wurde über und gegen das Judentum veröffentlicht. Diese Erklärung machte die Sache nicht besser, würde Luther aber persönlich etwas entlasten. Dass er jahrhundertealte Klischees und Stereotype über Juden bedient, macht ihn als typischen Denker einer Zeit sichtbar, für die das Judentum letztlich einen Fremdkörper innerhalb der durch und durch christlichen Welt (Corpus Christianum) darstellt.

Aber erklärt es den glühenden Hass, der aus Luthers Schrift spricht und der bei der Lektüre schier Übelkeit hervorruft? Hatte Luther dann vielleicht einen persönlichen Konflikt mit Juden? Das lässt sich ausschließen: Soweit wir wissen, hatte Luther so gut wie keinen Kontakt zu Juden. »Um 1500 lebten im Heiligen Römischen Reich nördlich der Alpen weniger als 40.000 Juden (0,2 Prozent der Gesamtbevölkerung).« (Wikipedia, Martin Luther und die Juden) Als 1348 und 1349 eine große Pestepidemie Europa erfasst hatte, waren viele Juden bei Pogromen ermordet worden, und von den Überlebenden waren viele nach Osten ausgewandert; davon hatte sich das Land noch nicht erholt. Es gab also verschwindend wenig Juden in Luthers Umgebung.

Kommt der Hass aus Luthers Frustration über Misserfolge der Reformation? Von seinen wachsenden gesundheitlichen Beschwerden, wie manche vermuten? War er genervt und ›angezählt‹ von theologischen Streitigkeiten im eigenen Lager? Jedenfalls verrät seine menschenverachtende Sprache, die sich Seite für Seite hinzieht, jede Menge aggressiver Emotionen.

Oder kommt der Hass gar aus Luthers Theologie? Dann müssten wir uns von seiner Theologie distanzieren. Sein theologischer Antijudaismus wurzelt letzten Endes in der festen Überzeugung, dass Juden den falschen Glauben haben, was ihm umso schlimmer scheint, weil sie aus derselben Wurzel stammen wie Christen. Sobald Juden die einleuchtenden Argumente Luthers kennenlernten und anfingen, die Bibel mit seinen Augen zu lesen, müssten sie allein schon aus Vernunftgründen von ihrem Irrweg umkehren und zum ursprünglichen Glauben ihrer Väter zurückfinden. Das ist sozusagen der kleinste gemeinsame Nenner der beiden Schriften Luthers von 1523 und 1543.

Dass Luther die jüdische Bibel, das Alte Testament, dabei durch die christliche Brille liest, Juden aber aufgrund ihrer religiösen Tradition einen ganz anderen Zugang haben, ist ihm noch nicht so bewusst wie einem Menschen unserer Zeit. Es ist wie bei einem Streitgespräch: Ich habe streng logisch argumentiert und kann es einfach nicht fassen, dass sich der andere nicht überzeugen lässt. Das Problem ist eben, dass er einer anderen Logik folgt als ich. Aber das will ich nicht einsehen und reagiere dann polemisch. Damit bewahrheitet sich die Erkenntnis, dass die schärfsten Kämpfe unter Menschen oder Gruppen geführt werden, die sich eigentlich am nächsten stehen.

Wenn wir noch einen Schritt weitergehen, können wir sagen: Am Anfang steht die Auffassung, dass verloren ist, wer nicht dem ›richtigen‹, dem ›rechten‹ Glauben angehört. Alle Polemik Luthers gegen Juden (und gegen Muslime nicht minder!) wurzelt am Ende in der tiefen Angst, dass in der kommenden Welt verlorengeht, wer sich in diesem Leben nicht zu Jesus Christus bekennt. Es geht folglich nicht einfach um Rechthaberei. Für Luther und viele nach ihm bis heute steht viel, viel mehr auf dem Spiel: dass nämlich die einen ins ewige Licht und die anderen in die ewige Dunkelheit gehen werden. Nur diese Überzeugung macht Luthers scharfe theologische Polemik überhaupt möglich; ohne sie ist seine Feindschaft gegenüber allem Jüdischen nicht denkbar. Damit will ich nicht behaupten, diese Überzeugung führe zwangsläufig zu dieser Art von Polemik. Das allein erklärt noch nicht den maßlosen Hass, der aus dieser Schrift brüllt. Aber ohne die Überzeugung, dass alle außerhalb des Christentums verlorengehen, hätte Luther nie zu seiner Position finden können.

Noch einmal und anders gefragt: Hätte Luther ausgehend von seiner Theologie diesen Weg vermeiden können? Auch wenn er schon in seiner ersten Schrift wie selbstverständlich von der Überlegenheit des christlichen Glaubens ausgeht: Damals wirbt er doch für einen geschwisterlichen Umgang mit den Juden und möchte sie aus ihrer gesellschaftlichen Nische herausholen. Die späteren Entgleisungen, die vierhundert Jahre später von den Nazis erfreut zitiert wurden – konnte Luther das so in seiner Bibel finden? Hätte er mit dem Neuen Testament begründen können, dass Synagogen und Häuser verbrannt und junge Juden zur Zwangsarbeit herangezogen werden sollen? Natürlich ist das ganze Neue Testament von der festen Überzeugung durchdrungen, dass der (neue) Glaube an Christus alle bisherigen Glaubensweisen und Religionen überbiete und ablöse. Aber nirgendwo wird dazu aufgefordert, den neuen Glauben mit Gewalt durchzusetzen; nirgendwo wird dazu aufgerufen, diejenigen zu diskriminieren, zu verfolgen oder gar zu vernichten, die bei ihrem bisherigen Glauben bleiben wollen. Es ist Gottes, nicht der Christen Sache, darüber zu urteilen. In einem Gleichnis (Mt 13,24–30) wird davor gewarnt, auf einem Feld noch vor der Ernte das Unkraut herauszureißen – mit ihm könnte auch der Weizen herausgerissen werden. Bezog sich dieses Gleichnis wohl ursprünglich darauf, dass es in der christlichen Gemeinde ›Gute‹ und ›Schlechte‹ gab, so könnte man es auch auf das Verhältnis des Christentums zu anderen Religionen beziehen: Es liegt nicht an uns, eine Scheidung vorzunehmen – das wird Gott am Ende der Zeiten tun.

Ob wir uns heute noch diese Sichtweise zu eigen machen können, das Christentum sei die einzig wahre Religion, ist eine andere Frage. Aber zumindest hätte Luther damals schon ausgehend von seiner Kenntnis der Bibel zu einem anderen Schluss nicht nur kommen *können*, sondern kommen *müssen*. Stattdessen setzt er sich in seiner Maßlosigkeit an die Stelle des göttlichen Richters und ruft die Obrigkeit zu Maßnahmen auf, wie sie die katholische Kirche gegen *ihn* verhängt hatte. Mit Fug und Recht kann man fragen: Ist Luther am Ende auch nicht besser als seine Widersacher in Rom und im Reich? Wenn der, der im Recht ist, den anderen vernichten darf, dann können die Rollen getauscht werden, dann verhält sich Luther auch nicht anders als die Papstkirche, die sich gegen *ihn* im Recht sieht und den ketzerischen Professor ein für allemal zum Schweigen bringen will.

Der große Lehrer der Gnade erscheint hier in einem gnadenlosen

Kampf um die Wahrheit gefangen, in dem er über Andersgläubige den Stab bricht, sie dämonisiert und dazu aufruft, sie zu verfolgen, zu unterdrücken und ihre gesamte Tradition zu vernichten.

»Gedenkt eurer Lehrer, die euch das Wort Gottes gesagt haben; ihr Ende schaut an und folgt dem Beispiel ihres Glaubens.« (Heb 13,7) Dieser Vers aus dem Hebräerbrief wirkt an dieser Stelle zynisch. Aber da spätestens seit dem 19. Jahrhundert um Luther ein heroischer Mythos aufgebaut wurde, ist es gerade aus christlicher Sicht geboten, auch die dunklen Seiten des Reformators anzuschauen. Wenn wir am Ende etwas sensibler werden für die Dämonisierungen, die *unsere* Gesellschaft vornimmt – umso besser.

Was heißt das für die Straßenschilder mit Luthers Name darauf? Ich gehöre nicht zu denen, die alle vor uns ausradieren wollen, die nicht unseren heutigen Werten und Normen entsprechen. Nicht weil ich verharmlosen möchte, was ein Martin Luther über die Juden geschrieben hat. Das wird immer unerträglich sein. Aber zu denken, man könne in der Vergangenheit lupenreine Vorbilder unserer heutigen Gesinnung finden, ist naiv. Sperrige Vorbilder zu behalten wie Luther, die einerseits faszinieren, andererseits abschrecken, bewahren uns davor, andere Menschen zu vergöttern – Menschen der Vergangenheit wie der Gegenwart. Und ich frage mich gelegentlich, mit welchen Vorwürfen meine Generation einmal konfrontiert sein wird – darunter Menschen, die überzeugt sind, eine ›weiße Weste‹ zu haben, und harsche Urteile über ihre Vorfahren sprechen.

Also lassen wir die Straßenschilder stehen – solange es sich um Menschen handelt, die in bestimmter Weise Vorbilder waren. Wir müssen deshalb nicht alles an ihnen gut finden und es wird auch nicht alles durch ein Schild gerechtfertigt.

Ich habe in diesem Text von »Antijudaismus« gesprochen. Der Begriff »Antisemitismus« wird im wissenschaftlichen Sprachgebrauch erst für die Judenfeindschaft ab der zweiten Hälfte des 19. Jahrhunderts verwendet, die seitdem an einer behaupteten jüdischen Rasse festgemacht wird.

Ansprache zum Pogromgedenken am 9. November

Peter Remy

Gedenken, Erinnern ist immer konkret. Deshalb will ich am Anfang erinnern an das, was hier, wo wir jetzt stehen, heute vor 85 Jahren geschah:
In der Nacht vom 9. zum 10. November 1938 brannten in Deutschland 1.400 Synagogen. Auch in Alsfeld brannte das jüdische Gotteshaus, hier, wo wir jetzt stehen. Am 9. November 1938 stürmte eine grölende Menge um 21.15 Uhr die Synagoge und setzte den Innenraum in Brand, warf alle Fensterscheiben ein und demolierte die Kultgegenstände. Die Täter waren nicht nur, wie wir sagen, »die Nazis«, so als seien es Fremde gewesen, die von irgendwoher gekommen waren. Die Täter waren auch Menschen aus der Mitte der Alsfelder und Vogelsberger Bevölkerung, sogenannte unbescholtene Bürger, die meisten waren sicher getaufte Christen.
Manche Alsfelder standen hier, wo wir jetzt stehen, und sahen zu, was geschah, andere gingen schnell vorüber. Die Feuerwehr war angewiesen, nicht zu löschen, sondern nur die angrenzenden Häuser zu schützen. Ein Feuerwehrmann wollte in die Synagoge, um zu löschen. Er wurde mit gezogener Pistole davon abgehalten!
Nach dem Brandanschlag auf die Synagoge zogen die Täter lärmend durch die Stadt. In den Häusern, in denen jüdische Familien lebten, warfen sie die Fensterscheiben ein, die Geschäfte jüdischer Inhaber wurden verwüstet. Alle jüdischen Männer wurden im Gefängnis in der Hersfelder Straße eingesperrt, »Schutzhaft« wurde das zynisch genannt. So zynisch, wie die Ereignisse dieser Nacht später »Kristallnacht« genannt wurden, so als seien nur Fensterscheiben zu Bruch gegangen. Von einstmals 220 jüdischen Einwohnern lebten 1938 noch etwa 100 in der Stadt, 1941 dann pries sich unsere Stadt damit, »judenrein« zu sein, wie das genannt wurde.

Alles, was damals geschah, hatte einen langen Vorlauf. Spätestens im Jahr 1923, beim sog. Hitlerputsch, also vor 100 Jahren, konnte jeder, der hinschaute, sehen, wohin der Judenhass in Deutschland führen würde. Alles, was heute geschieht, hat einen langen Vorlauf. In Deutschland ist es wieder so weit, dass sich Juden nicht mehr trauen, sich als Juden zu erkennen zu geben. Kein religiöser Jude kann mehr mit der Kippa durch eine deutsche Stadt gehen, ohne sich zu gefährden. Nach dem 7. Oktober 2023, dem Tag der mörderischen Hetzjagd auf Menschen in Israel, blieben hier bei uns aus Angst viele jüdische Kitas und Schulen geschlossen. In Frankfurt und in vielen anderen Städten werden Häuser, in denen jüdische Menschen leben, mit Davidssternen beschmiert. Israelische Flaggen werden verbrannt. Das Internet ist voll von menschenverachtender antijüdischer Hetze in Bild und Wort. Man muss kein Unheilsprophet sein, um zu erahnen, dass bald wieder Synagogen brennen könnten.

Und täuschen wir uns nicht: Es sind nicht allein fanatische Islamisten, von denen das ausgeht, auch wenn es in diesen Tagen so aussieht. Das Schweigen der Rechtsradikalen ist ein beredtes Schweigen: Sie schweigen, weil sie sehen, dass andere für sie ihr schmutziges Geschäft erledigen, in Israel und auch hier bei uns. Sie schweigen, obwohl sie sonst bei jeder Gelegenheit unterschiedslos gegen Muslime und den Islam hetzen. Sie schweigen, denn jetzt geht es gegen Israel und gegen die Juden, dann werden auch die, die man sonst verachtet, von Feinden zu Freunden.

Das Problem, liebe Mitbürgerinnen und Mitbürger, ich will das hier deutlich sagen, sind nicht *der* Islam oder *die* Muslime, das Problem ist der Judenhass in den Köpfen und Herzen so vieler Menschen. Die Ereignisse des 9. November 1938 und alles, was dann folgte mit dem Völkermord an 6 Millionen Juden, war die grausame Frucht der 2.000 Jahre alten Geschichte des christlichen Judenhasses. Jahrhundertelang wurden Christen zur Verachtung der Juden erzogen. Genauso ist es in der arabisch-muslimischen Welt seit Jahrzehnten. Jetzt geht diese Saat des Hasses auf!

65 % der Bevölkerungen in den arabisch-muslimischen Staaten stimmen der Aussage zu, die Juden seien für alle Übel der Welt verantwortlich. Es ist keine Muslimfeindlichkeit, wenn wir das offen aussprechen. Genauso wenig ist es christenfeindlich, zu sagen, dass die alte christliche Judenfeindschaft, die auch heute noch verbreitet ist, zum Holo-

caust geführt hat. 23 Prozent aller Deutschen, so zeigt eine aktuelle Erhebung des Allensbach-Instituts, vertreten auch heute noch klar antisemitische Positionen.

Mit dem Finger auf andere zeigen ist immer leicht. Die Empörung über die anderen, über »die Nazis« oder »die Hamas«, reicht nicht aus.

Die Einsicht, an der wir uns nicht vorbeimogeln dürfen, ist die: Ohne das Wegschauen so vieler ganz normaler Bürger, ohne die Zustimmung und Mitwirkung viel zu vieler Zeitgenossen hätte es weder den Holocaust gegeben noch das, was am 7. Oktober in Israel geschehen ist. Wir brauchen keine hehren Parolen von »Staatsräson« und »Zeitenwende« und »Nie wieder«. Wir brauchen Bürgerinnen und Bürger, die ihre eigene Verantwortung erkennen und wahrnehmen. Möge uns das Gedenken heute dazu verhelfen!

Garo hat Glück oder: Fremdlinge unter uns
Predigt über Lev 19,34

Rainer Heimburger

Ich möchte Ihnen heute eine Geschichte und einige Gedanken dazu erzählen. Die Geschichte beginnt im Jahr 2014 und reicht in die Gegenwart und in unsere Nachbarschaft.

Garo hat Glück.
Es ist der vorletzte Tag im Januar, als Garo deutschen Boden betritt. Man kann als syrischer Bürgerkriegsflüchtling so oder so nach Deutschland kommen, wie über 100.000 andere auf todgefährlichen Schlepperrouten übers Mittelmeer oder als einer der glücklichen 10.000, die Deutschland im Januar 2014 aufgenommen hat.

Garo hat Glück.
Er sitzt im siebten Flugzeug, mit dem die Deutsche Bundesregierung Syrer auf dem Luftweg ins Land holen lässt. Es sind dreißig Familien und vier Einzelpersonen im Flieger. »Herzlich willkommen«, hört er im Terminal D des Flughafens Hannover einen Anzugträger sagen, den ein Dolmetscher übersetzt. »Sie sind jetzt in Sicherheit.«
Über das Auffanglager Friedland werden die Flüchtlinge auf die Bundesländer verteilt. Wohin wird Garo kommen? Nach Sachsen-Anhalt? Soll man Garo sagen, dass dort vor zwei Jahren eine syrische Familie von drei Schlägern halb tot geprügelt wurde? Oder dass dort neuerdings Wohnheime für Flüchtlinge angezündet werden?
Nach Sachsen, dort, wo man noch ein halbes Jahr danach die Spuren des letzten Bundeswahlkampfes sieht. Vieles hat man weggekratzt, was da als Sprüche stand gegen angebliche Scheinasylanten. Gereimte Sprüche wie: »Lieber Geld für die Oma statt für Sinti und Roma« oder »Maria statt Scharia«.

Garo hat Glück.
Er sitzt mit 25 anderen im Bus nach Baden-Württemberg. Erster Stopp

ist das Asylheim in Sinsheim. Eine fünfköpfige Familie wird dort ausgeladen. Ein Ort draußen im Industriegebiet, nahe eines Mülltrennbetriebes am Bahndamm, muffelnde Flure. Die Mutter der Familie bricht in Tränen aus.

Garo hat Glück.
Er fährt weiter nach Schwetzingen. Da stehen Container auf dem Gelände einer alten Kaserne. Die Sozialarbeiter sind überrascht, haben keine Ahnung, wer da gekommen ist, woher und warum. Alles ist neu eingerichtet. Die Kissen und Decken sind noch in Plastikfolie eingeschweißt. Die Flüchtlinge richten sich ein. Aber sie fühlen sich wie in einem Funkloch, abgeschnitten von der Außenwelt. Die Siedlung ist weit draußen, weit weg von der Stadtmitte, vom nächsten Supermarkt.

Garo hat Glück.
Eine Schwetzingerin schenkt ihm ein gutes Fahrrad, dazu eine Luftpumpe und als Dreingabe ein Radio. Auf einmal sind die Bushaltestelle, der weit entfernte Supermarkt näher gerückt und die Stadt ist leichter erreichbar.

An Garos Glückssträhne sind viele Menschen beteiligt.
Dass er hier Aufnahme findet, Sprachkurse bekommt, dass Menschen sich um ihn kümmern. Warum sie das tun? Viele von ihnen sind Christen. Sie kennen die Botschaft der Bibel. Als Jesus vom Weltgericht spricht, lässt er den König zu denen zu seiner Rechten sagen: »Ich bin ein Fremdling gewesen, und ihr habt mich aufgenommen.« (Mt 25,35)

Sie kennen aber auch die besondere Verantwortung, die das Alte Testament Israel gegenüber Fremdlingen zuspricht. Fremde, die nach Israel kommen, heißen in der hebräischen Sprache »Schutzbürger«. Vor dem Hintergrund der eigenen Erfahrungen auf der Flucht vor dem Pharao wird Israel angesprochen: »Ihr wisst, wie es einem Schutzbürger zumute ist.« (Ex 23,9) Bei der Begegnung mit Flüchtlingen und Migranten ist zuerst einmal Empathie gefragt.

Über viele Umwege ist Garo inzwischen hier im Süden angekommen. Wieder hat Garo Glück.
Als Pharmazeut hat er inzwischen eine Anstellung gefunden – und

sogar eine kleine Wohnung. Die hat der Chef seiner Firma angemietet. Er braucht Garo im Betrieb. Er will, dass er bleibt. Garo leistet gute Arbeit. Die Kolleginnen und Kollegen mögen ihn.

Wir alle kennen solche Geschichten – und leider auch Flüchtlinge, die nicht so viel Glück hatten wie Garo. Seit 2014 hat sich viel verändert. Nach der »Willkommenskultur« brauchen wir längst eine »Integrationskultur«. Das ist harte Arbeit.

Integration hat viel mit Begegnungen und menschlichen Beziehungen zu tun. Integration meint Begegnung, Kennenlernen: Wer bist du? Woher kommst du? Was ist deine Geschichte? Integration fängt mit Begegnung an. Das weiß schon das Alte Testament. Im 3. Buch Mose heißt es: Wie immer ein Fremder seinen Weg ins Land gefunden hat, ein Glaubender soll ihn lieben wie sich selbst. »Er soll bei euch wohnen wie ein Einheimischer unter euch.« (Lev 19,34)

Das hat praktische Folgen: »Man darf den Schutzbürger nicht an einem Grenzort ansiedeln, auch nicht auf schlechtem Ackerboden, sondern nur auf gutem, in der Mitte Israels, dort wo sein Handwerk in Schwung kommt«, heißt es in einem jüdischen Kommentar zu dieser Bibelstelle. Das ist ein interessanter Aspekt in der Diskussion, wie und wo Flüchtlinge untergebracht werden sollen. Welche Chancen sie auf dem Arbeitsmarkt bekommen sollen. Wir Christinnen und Christen sollten diesen Aspekt in die Diskussion einbringen. Integration kann nur in unserer Mitte geschehen.

Garo zeigt mir auch: Integration kann glücklich machen. Auf der Arbeit hat Garo Michaela kennengelernt. 2020 haben sie geheiratet. Im Herbst kommt ihre Tochter Esma in den Kindergarten. Zusammen sind sie eine glückliche Familie.

Wir sind alle verschieden – ich nicht
Predigt über Gal 3,26–29

Olivia Rahmsdorf

Liebe Gemeinde! »Ihr seid alle Individuen«, predigt Brian, im berühmten Monty Python-Film der Menschenmenge. »Ja, wir sind alle Individuen«, antwortet die Menschenmenge im Gleichtakt. »Und ihr seid alle völlig verschieden«, predigt Brian weiter. »Ja, wir sind alle völlig verschieden.« »Ich nicht!«, ruft ein einzelner.
Welch brillante Szene! Sie bringt mich immer wieder zum Lachen. Ihr seid alle verschieden! Ich nicht.
[In der Logiklehre nennt man das einen performativen Widerspruch. Wenn man mit dem Satz, den man ausspricht, dem Inhalt dieses Satzes zugleich widerspricht. Indem der Einzelne sich abhebt und sagt, er sei eben nicht verschieden, ist er ja doch verschieden von den anderen und widerspricht sich selbst. Wenn man es so erklärt, ist es eigentlich nicht mehr witzig. Das gilt wohl generell für das Erklären von Witzen. Wie dem auch sei.]

Das hier verhandelte Thema ist brisant und aktuell. Wir sind alle verschieden! Wir stimmen zu und loben die Vielfalt. Und doch gibt es da auch diese Sehnsucht nach Einheit und einfachen Lösungen. Ja, es gilt als progressiv, wenn man sich gegenüber allen Lebensformen und -variationen als offen geriert. Man nennt es »woke«, wenn man für die Rechte von allerlei Minderheiten eintritt. Sich mit ihren Bedürfnissen und Belangen auskennt und sich entsprechend verhält. Wir sind alle verschieden, und das ist gut so.
Ich würde mich selbst auch als einigermaßen »woke« bezeichnen. Ich bemühe mich um geschlechtergerechte Sprache, bin offen und interessiert gegenüber queeren Lebensformen, möchte sie in unserer Kirche willkommen heißen. Ich versuche mich anti-rassistisch weiterzubilden, indem ich mit Betroffenen ins Gespräch komme oder mir schlicht ihre aufklärenden Beiträge in den sozialen Medien ansehe. Natürlich habe ich wie alle, die im Großen und Ganzen zur privilegierten Mehrheit

gehören, eine ganze Menge blinder Flecken einfach aufgrund meiner Erziehung und Bildung. Kürzlich habe ich in einem Gottesdienst ganz unbedarft von Indianern gesprochen. Ich versuche aber, die blinden Flecken aufzuarbeiten.

Zugleich höre ich aber auch den Stimmen zu, die davon reden, dass sie das überfordert: dieser moralische Druck, rücksichtsvoll auf alle möglichen Bedürfnisse und Belange von Minderheiten einzugehen. Auf die (wohlgemerkt privilegierten) Stimmen, die sich dahin zurücksehnen, wo alles eine klare Ordnung hatte, in die Zeit, wo man Menschen nach ihrer Herkunft fragen durfte, ohne sich des Rassismusverdachts schuldig zu machen usw. Ich sage dann immer: Man bricht sich keinen Zacken aus der Krone, wenn man zuhört und ein bisschen auf seine Sprache achtet.

Aber manchmal, ja manchmal spüre ich schon auch selbst dieses Gefühl der Überforderung und den Wunsch nach Eindeutigkeit, nach weniger Komplexität, nach einfachen Kategorien und einfachen Lösungen.

Wir sind mittlerweile so hoch individualisiert, dass es z. B. in meinem Beruf kein Schema F mehr geben kann – etwas aus der Schublade holen ist nicht mehr möglich. Zwar sind die Kirchenmitglieder weniger geworden, aber weniger zu tun habe ich deshalb nicht. Denn die wenigen sind eben alle verschiedener, alle mit unterschiedlichen Bedürfnissen. Sie möchten gesehen und bedacht werden, ganz konkret und persönlich in ihrer Lebensgeschichte, mit ihrer Familie, mit ihren Nöten und Ängsten und das nicht nur im persönlichen Gespräch, sondern auch, was die kirchlichen Angebote angeht.

Dadurch ist es zum Beispiel zunehmend schwer geworden, einen Gottesdienst zu feiern, der für alle offen und vor allem für alle passend ist. Jeder Taufsonntag ist für mich ein Spagat. Weil Tauffamilien zu Recht ihre ganz eigenen Wünsche und Vorstellungen haben, ich aber doch auch die im Blick haben möchte, die regelmäßig am Gottesdienst teilnehmen, die Konfis, die vielen Kinder – also alle Individuen. Und niemandem wird man so ganz gerecht. »Kids, es tut mir leid, die Predigt ist für euch eben einfach nicht so spannend.«

Dieses Gefühl ist kein Einzelphänomen meines Berufes. Ich glaube, das geht vielen so. Den Lehrerinnen mit immer komplexeren Anforderungssituationen, den Sachbearbeitern mit immer mehr Sonderfällen, den Dienstleisterinnen mit immer extravaganteren Kundenwünschen, den IT-Spezis mit immer komplizierteren Algorithmen usw. Alle sind etwas überfordert, und zugleich haben sie ganz persönlich – ich im übrigen auch – den Wunsch, für das, was sie tun und sind, gesehen und in ihren Bedürfnissen wahrgenommen zu werden.

Kürzlich unterhielt ich mich mit einer befreundeten Kollegin darüber, dass ja niemand wisse, was eine Pfarrperson so abseits des Sonntags-gottesdienstes arbeitet. Aber als ich mit den Konfis in der Bäckerei vorbeischaute und einen Tag mitbackte, fiel mir auf: Ich hatte keine Ahnung, was ein Bäcker, eine Bäckerin alles leistet.
Ich habe keine Ahnung, was Jugendliche heutzutage in der Schule alles leisten müssen. Ich habe keine Ahnung, vor welchen Herausforderun-gen Menschen in der Finanzbranche stehen, wie der Tagesablauf eines Politikers, einer Politikerin ist usw. Ich habe auch schlicht keine Kapazi-tät, mich damit auseinanderzusetzen.
Und jetzt – endlich – die entscheidende Predigtfrage – Sie haben alle mehr oder weniger darauf gewartet: Was sagt die Bibel denn dazu? Das Schriftwort des heutigen Sonntags kommt mit einer scheinbar einfa-chen Antwort daher:
»Ihr seid alle durch den Glauben Gottes Kinder in Christus Jesus. Denn ihr alle, die ihr auf Christus getauft seid, habt Christus angezogen. Hier ist nicht Jude noch Grieche, hier ist nicht Sklave noch Freier, hier ist nicht Mann noch Frau; denn ihr seid allesamt einer in Christus Jesus. Gehört ihr aber Christus an, so seid ihr ja Abrahams Nachkommen und nach der Verheißung Erben.«

Sobald wir getauft sind, sind die Verschiedenheiten irrelevant. Wir sind alle eins in Christus. Das ist ja schön und gut, aber wenn sich Menschen trotz ihres Glaubens und ihrer Taufe nicht miteinander ver-bunden fühlen, hilft das reine Wort nicht viel. Die Unterschiede und Fremdheiten bleiben bestehen. Die Konfis sagen aus nachvollziehbaren Gründen, sie stehen beim Abendmahl lieber neben Menschen, die sie kennen, und halten mit ihnen zum Schluss die Hände. Vor Gott mögen die Unterschiede nicht mehr zählen, aber ich spüre trotzdem ein Unbe-hagen, wenn ich Fremden plötzlich nah sein soll.
Es geht nicht auf Knopfdruck, sich verbunden zu fühlen. Es braucht Annäherung. Wie alles andere muss auch das Gemeinschaftsgefühl

im Gottesdienst eingeübt werden. Und deshalb halte ich daran fest, gemeinsame Gottesdienste zu feiern. Nicht für jede Zielgruppe individuell. Nicht grundsätzlich außerhalb des Gottesdienstes taufen. Denn die Taufe ist unser einendes Band. Wenn Lian, Emily und Mila heute getauft werden, erinnern wir uns: Das sind wir auch, wir sind auch getauft! Wir gehören alle zueinander. In der Taufe ziehen wir Christus an, werden eins mit ihm. Wir übernehmen seinen Blick auf die Welt: Sehen zugleich die vielen Unterschiede und Ungerechtigkeiten und erkennen uns, aber auch alle als Kinder Gottes wieder.

Jetzt könnte man fragen: Wie sollen das ausgerechnet kleine Kinder bei der Taufe erleben, dieses »Christus anziehen«, eins mit ihm werden und die Welt neu sehen, mehr auf das Gemeinsame als auf die Verschiedenheiten schauen, ohne sie zu ignorieren? Ich glaube, Kindern fällt es oft leichter, die Welt mit Gottes Augen zu sehen, als uns Erwachsenen. Ihr Blick ist weniger vorurteilsbehaftet. Sie stellen Fragen, die zwar manchmal unangenehm direkt sind, aber keinen Schubladen entspringen. Sie sehen sehr wohl und sehr schnell Unterschiede, aber sie begeben sich auch sofort auf die Suche nach Gemeinsamkeiten, ohne das Interesse an den Unterschieden zu verlieren. Kinder sind von Natur aus neugierig und unerschrocken, anderes kennenzulernen, und haben eine unglaubliche Spürnase für das, was uns verbindet. Es hilft also, wenn die eigene Taufe schon lange her ist, den Kinderaugen zu folgen, die Kinderfragen mitzustellen, wie Kinder zu antworten.

Wir sind alle verschieden! Ich nicht!
Diese Einsicht ist so abweichend von allem, was wir erleben, dass sie schmunzeln und nachdenken und neu sortieren lässt. Es ist ein guter erster Satz, um anderen zu begegnen. So verschieden bin ich gar nicht von dir, wir sind doch beide Gottes Kinder.

Zoff um die Frauen
Was das Burkaverbot mit den Urchristinnen zu tun hat
Predigt über 1 Kor 11,3-16 und Röm 16,1-16

Sara Kocher

Lesung des Predigttexts: 1Kor 11,3–16
(Übersetzung: Bibel in gerechter Sprache)

»Die Frauen kommandieren ja schon zuhause genug! Nein zum Frauenstimmrecht.«

»Von mir aus JA, dann hört endlich das Gestürm auf!«

»Ich bin nicht dafür, sonst haben wir Männer bald nichts mehr zu sagen!«

»In der Gemeinde ist es recht – aber eine Frau als Bundesrat! Nein danke!«

»Bin unentschieden – meistens gehen die falschen Frauen stimmen – die, die sollten, gehen nicht!«

»Bislang kann ich mich nicht dafür begeistern. Warum? Die Frau soll kochen und Windeln waschen.«

»Ja, aber dafür sollen die Frauen schießen lernen! Und Dienst leisten!«

»Ich bin dafür, die Frauen müssen schließlich auch Steuern zahlen.«

So klang es im Februar 1971 aus den Mündern von befragten schweizer Männern, als zum zweiten Mal das Frauenstimmrecht zur Abstimmung gelangte und dann endlich Erfolg hatte. Immerhin schaffte es die Schweiz damit noch vor einigen Ländern wie Jordanien, Portugal oder Nigeria, aber viele Jahrzehnte nach Thailand, Kosovo, Kolumbien beispielsweise oder fast achtzig Jahre nach Neuseeland, das bereits 1893 das aktive Wahlrecht für Frauen zugelassen hat. Der Schneckengang der demokratischen Schweiz erscheint auch heute in der Rückschau als ein Skandal.

Doch es ist durchaus lohnenswert, sich mit dem Kampf der Frauen und immer mehr Männern von damals zu beschäftigen und zu hören, welche Argumente angeführt wurden, die Hälfte der Bevölkerung von diesem Recht auf Entscheidungen für unser Land auszuschließen. Man spürt viele Ängste vor Veränderungen oder dass ein Weltbild in Frage gestellt wird.

Aber als die Frauen dann abstimmen konnten, wurden deswegen weder Kinder vernachlässigt noch entwickelten sich Frauen sich zu unattraktiven Bestien noch zerbröselte die Schweiz – alles Argumente, die in diesem Kampf ernsthaft angeführt worden sind.

Die Argumente gegen das Frauenstimmrecht überschneiden sich durchaus mit den Argumenten, die gegen Frauen im Pfarramt angeführt wurden. In den 1920er- und 1930er-Jahren gab es heftige Debatten um die Zulassung von Frauen ins Pfarramt, die dann einfach religiös verbrämt wurden. Ein Pfarrer schrieb in der Neuen Bündner Zeitung 1927:

»Nach evangelischer Auffassung soll die Predigt die Verkündigung des Wortes Gottes sein, also einer objektiven Größe. Nun ist aber gerade die Objektivität nicht die Stärke der Frau.«

Im Kanton Zürich wurde denn erst Mitte der 1960er-Jahre die erste Frau zum vollen Pfarramt zugelassen. Als ich also ein kleines Mädchen gewesen bin, hatte ich weder die Aussicht auf volle Bürgerrechte noch hatte ich da die Aussicht, den Beruf der Pfarrerin ergreifen zu können – nur weil ich zum weiblichen Geschlecht gehöre.

Das ist zeitlich noch greifbar. Aber um wieviel schwieriger ist es, Konflikte zu verstehen, die nicht nur viel weiter zurückliegen, sondern in einem andern Kulturkreis angesetzt sind? In unserem biblischen Text spielt der Konflikt im griechischen Korinth *(dazu wurde eine Landkarte aufgehängt)*. Das war eine Multikulti-Hafenstadt, eine der bedeutendsten Städte Griechenlands. Die Wirtschaft boomte. Menschen aus verschiedenen Kulturen fanden sich da zusammen. Es war auch multireligiös. Es hatte zahlreiche Tempel, z. B. für Isis oder Apollo. Die religiösen Vereine sprossen wie Pilze aus dem Boden. Die messianische Gemeinde, die Jesus ihren Herrn nannte, war eine unter vielen. Es verwundert nicht, dass Paulus hier mit der christlichen Gemeinde, die so um 50 nach Christus entstanden ist, einige Konflikte zu klären hat.

Die Korintherinnen waren offenbar selbstbewusste Frauen. Sie erschienen mit wallendem Haar zum Gottesdienst. Sie ergriffen das Wort, beteten, prophezeiten in Ekstase. Paulus erlebt einen Kulturschock. In seiner Heimatstadt Tarsus, in Syrien und Arabien war er es gewohnt, die Frauen verschleiert zu sehen, in Tarsus sogar in burkaähnlichem Gewand. Angestrengt sucht er in seinem Brief nach Argumenten, die Korintherinnen dazu zu bewegen, den Kopf im Gottesdienst zu verhüllen.

Regional unterschieden sich die Haarmoden in der Antike: Es gab sorgfältig aufgesteckte Frisuren wie auf den Mumienbildern *(siehe Bildblatt)* dargestellt, aber auch offenes Haar oder in Tuch eingebundene Haare *(siehe Bildblatt)*. Wie empörend muss sein Brief daher für die freiheitlichen Korintherinnen gewesen sein! Sie lesen: Die Frau ist ein Abbild des Mannes. Nach der Schöpfungsgeschichte jedoch werden Mann *und* Frau als Abbild Gottes bezeichnet, nicht nur der Mann. Paulus, ein Gelehrter, der die heiligen Schriften bestens kennt, stellt das einfach um.

Wir stellen uns vor, wie die Korintherinnen nachgehakt haben: Gut, du sagst, die Frau sei dem Mann untertan. Aber was hätte denn das überhaupt damit zu tun, den Kopf verhüllen zu müssen? In der Logik von Paulus ist die Verhüllung des Kopfes ein Zeichen der Autorität des Mannes über die Frau, also ein Ausdruck von Macht – und hätte deshalb mit Gott absolut nichts zu tun. Die Korintherinnen könnten widersprochen haben: Warum verhüllen sich nicht die Männer wie der Kaiser Augustus, wenn er den Göttern Opfergaben bringt? Tatsächlich zeigte eine Statue in der Julianischen Basilika des Forums den Kaiser Augustus in dieser Pose. Auch die Priesterinnen der Vesta, die der Göttin Isis Opfer brachten, trugen einen Schleier. Es war also überhaupt nicht ungewöhnlich. Warum wehren sich also die Korintherinnen? Weil die Verhüllung, die Paulus fordert, nicht als demütige Geste vor einer Gottheit verstanden wird, sondern Ausdruck der Unterordnung der Frau unter den Mann ist.

Paulus scheint zu spüren, wie wackelig seine theologische Argumentation ist. Kurz zuvor im Brief spricht er sogar selbst davon, wie gegenseitig die Pflichten von Frau und Mann seien (1 Kor 7). Er fällt sich also selbst ins Wort. So bleibt ihm nun nichts anderes, als nach den Sternen zu greifen, sprich zum Mythos von den männlichen Engeln, die nach den schönen Menschentöchtern gieren, einer Geschichte, die tatsächlich in der Bibel im Buch der Genesis steht (Gen 6). Jetzt wird es ziemlich gewagt: Damit die Engel nicht in sexuelle Versuchung geraten, sollen also die Frauen den Kopf im Gottesdienst bedecken, da diese dann besonders gegenwärtig sind. Die Korintherinnen könnten entgegnet haben: Wir sind durch Christus vor lüsternen Engeln gefeit.

Ich vermute aus alldem, dass es Paulus vor allem um eines gegangen ist: Der Schleier soll tatsächliche Männerblicke abwehren und eine erotische Stimmung im Gottesdienst verhindern. Doch er wagt es nicht deutlich zu sagen. Stattdessen greift er nun zum Holzhammer, wenn er anführt, eine Frau, die den Kopf nicht verhüllt, könne sich ebenso gut die Haare abrasieren. Das galt nicht nur in der griechisch-römischen Kultur als Schande. Im Zweiten Weltkrieg nach der Befreiung von den deutschen Besatzern wurden 20.000 Französinnen öffentlich kahlgeschoren, weil sie sich mit Wehrmachtssoldaten eingelassen hatten: in Liebesbeziehungen, aber auch einfach, weil sie für sie geputzt oder übersetzt hatten. Das gab ihnen Vorteile, um sich und ihre Familien durch den Krieg zu bringen. So entlud sich der ganze Hass auf diese Frauen. Sie wurden gedemütigt und geächtet. Der Akt des Kahlscherens drückte eindeutig auch aus, dass die französischen Männer die alte Ordnung wiederherstellen wollten, beginnend mit dieser Gewalt gegen die eigenen Frauen. Die kahlgeschorenen Frauen wurden bewusst ihrer Persönlichkeit und weiblichen Erotik beraubt.

»Lehrt euch nicht die Natur selbst, dass es für einen Mann entehrend ist, wenn er lange Haare trägt, für eine Frau jedoch eine Ehre, wenn sie lange Haare hat?« Die Natur selbst lehrt – wirklich? Und wo und wie denn?

Philosophen schätzten langes Haar als Tugend, Bauern trugen es lang. Griechische Helden kommen mit wallenden Haaren daher, die Barbaren trugen es lang. Der Schriftgelehrte Paulus kannte gewiss auch die Geschichte des Helden Simson aus dem Buch der Richter. Der Auserwählte Gottes hatte nämlich ungeschorenes, langes Haar, das ihn unbesiegbar machte, bis er dieses Geheimnis der Delila offenbarte. Sie verriet es an seine Feinde, die daraufhin Simson kahl schoren und ihn so seiner geheimnisvollen Kraft beraubten. Die Natur lehrt also gar nichts, es ist pure Konvention und Tradition.

Paulus hätte diese zähe Argumentation abkürzen können und schlicht sagen: Ich will das einfach so, weil ich es als frommer Jude von meiner Herkunft her so kenne. Oder noch ehrlicher: Es ist für ihn als Asketen eine erotische Bedrohung.

Wir können aus diesem Argumenten-Flickwerk von Paulus einiges für heute lernen: Hinter Argumentationen steht oft eine unausgesprochene Motivation wie bei Paulus, der die Sache mit den erotisierenden Haaren nicht auszusprechen wagt. Argumentationen sind oft wie Schiffe, die geheime Kisten geladen haben. Desgleichen finden wir ja auch in den Debatten um das Frauenstimmrecht. In Kürze stimmen wir nun über das Verhüllungsverbot ab. Im Blick ist speziell das Tragen der Burka, des Ganzkörperschleiers oder des Nikab, des Gesichtsschleiers, im Islam.

Diese Abstimmung verunsichert viele. Tatsächlich finden wir in den Debatten eben viele Schiffe mit geheimen Ladungen, d.h. es werden Argumente angeführt, die anderes verschleiern und zwar auf alle Seiten hin.

Da ist die Initiative selbst, die von der lancierenden Partei nahezu als feministisch dargestellt wird. Es stellt sich aber die Frage, ob es hier wirklich um die Frauenrechte geht und nicht um Islamophobie.

Andererseits: Kann eine auf Freiheit beruhende Kultur es zulassen, dass Frauen nicht nur ihren Kopf, sondern den ganzen Körper und das Gesicht verhüllen dürfen oder müssen?

Es melden sich aber auch Muslimas zu Wort, die die Verhüllung als Freiheit bezeichnen, weil das Gewand sie vor Männerblicken und Sexualisierung schütze.

Der Koran schreibt offenbar die Verhüllung nicht vor, es ist im Kern keine religiöse Sache, sondern eine Sache des politischen Islam.

Ich selber als weiße, mittelständische Frau bin im Laufe meines Lebens, auch im Austausch mit Theologinnen anderer Kulturen, vorsichtiger geworden, von Frauen in anderen Kulturen die gleichen Freiheitvorstellungen zu erwarten, wie ich sie habe.

Die Sache ist also vertrackt. Verhüllung ist nicht gleich Verhüllung. Den Kopf zu bedecken, wenn man einen heiligen Ort betritt, kann für Männer und Frauen eine Vorbereitung sein, mit Gott respektvoll in Verbindung zu treten. Verhüllung kann, wie bei Paulus, Ausdruck davon sein, die Frau als erotisches und verführerisches Wesen unsichtbar zu machen. Diese Argumentation finden wir desgleichen bei islamischen Gelehrten.

Wesentlich ist also, was genau die Verhüllung ausdrückt, wofür sie wirklich steht – auch in der geheimen Ladung der Argumente. Wenn eine – wie immer geartete Verhüllung – Symbol der Zweitklassigkeit und Unterordnung der Frauen ist, müssten wir dies aus Gründen der Menschenrechte ablehnen, aber auch mit den freiheitlichen Anfängen des Christentums. Dies aber vor allem auch im selbstkritischen Blick auf die eigene Geschichte unserer Religion! Katholische Theologinnen sind bis heute noch nicht ins Priesteramt zugelassen, nur weil sie Frauen sind. Zudem ist bemerkenswert, dass viele andere Konflikte sich an der Frauenfrage reiben. Ich denke da an das Sexualstrafrecht, an Diskussionen um bezahlte Care-Arbeit (Familienarbeit), um Lohngleichheit, Teilzeitarbeit oder Erhöhung des Frauenrentenalters.

Liebe Gemeinde, ich möchte Paulus nicht als reinen Traditionalisten stehenlassen. Er war nämlich von starken, mutigen Frauen umgeben und getragen, was er durchaus zu schätzen wusste. Davon zeugt ein meist überlesener Text, der eine Grußliste aus dem Römerbrief des Paulus ist. *(auf dem Blatt abgedruckt)* Zehn Frauen lässt Paulus grüßen. Einige davon scheinen herausragende und wichtige Persönlichkeiten in der urchristlichen Bewegung gewesen zu sein.

Am Anfang nennt Paulus Phöbe. Sie ist die Frau, die den Brief an die römische Gemeinde überbringt, also eine weite gefährliche Reise unternimmt. Paulus gibt ihr sozusagen ein Empfehlungsschreiben mit. Er stellt sie als Diakonin der Gemeinde Kenchreä dar. Zusammen mit dem griechischen Wort »prostatis« – es bedeutet Vorsteher, Patron – wird deutlich, dass Phöbe die Gemeinde geleitet hat. Sie habe, so schreibt Paulus, auch ihm Schutz geboten. Wahrscheinlich war ihr Haus, wie das anderer wohlhabender Frauen, Treffpunkt der Christinnen und Christen.

Auch andere Frauen umschreibt er in seinem Gruß: Priska, die zusammen mit ihrem Mann ihr Leben für die Jesusbewegung aufs Spiel gesetzt hat. Junia wird zusammen mit Andronikos als herausragend unter den Aposteln genannt – Paulus hatte also noch ein viel offeneres Verständnis von Aposteln als die Zeit nach ihm. Junia erschien in den Bibelübersetzungen lange als Mann, als ein Junias, schlicht, weil sich die Übersetzer offenbar nicht vorstellen konnten, dass eine Frau als Apostelin bezeichnet wird.

Die messianischen Gemeinden – die Anfänge des Christentums, das sich aus dem Judentum entwickelt – haben ihre Konflikte, die sich öfters um die Stellung der Frau drehen. Paulus stellt noch nicht in Frage, ob Frauen beim Gottesdienst leiten können. Doch die sich etablierende Ämterkirche zwingt Frauen in allen Bereichen in eine untergeordnete Rolle zurück. Das zeigt uns, wie wichtig es ist, sich heute mit ähnlichen Herausforderungen sorgfältig zu beschäftigen, um Entscheidungen weise zu fällen.

Mit einer der schönsten freiheitlichen Aussagen von Paulus schließe ich:
»Da ist weder Jude noch Grieche, da ist weder Sklave noch Freier, da ist nicht Mann und Frau. Denn ihr seid alle eins in Christus Jesus.« (Gal 3,28)

Vorsicht beim Singen
Gottesdienst zu Ps 137 beim Schützenfest

Jörg Prahler

Alle Namen sind geändert.

Begrüßung

Tagesgebet
Guter Gott, wir bitten dich, heute in diesem Gottesdienst und heute auf diesem Fest, dass du uns nahe bist.

Wir sind froh, dass wir feiern können. Mehr als sonst erkennen wir, dass das nicht selbstverständlich ist. Immer noch ist Krieg in Europa. Und Krieg in Gaza und in Israel. Hass und Feindseligkeit unter den Menschen. So grausam und so sinnlos! Gewalt und Feindseligkeit in der Gesellschaft. Mehr als sonst erkennen wir, wie wertvoll der Frieden ist. Das Miteinander.

Wir bitten dich, dass du unsere Ohren und Augen öffnest, damit wir füreinander einstehen.

Damit wir miteinander feiern und fröhlich sind und überwinden, was zwischen uns steht.

Damit wir einander die Hand reichen und auf diejenigen zugehen, die den ersten Schritt nicht wagen.

Damit wir dich als unseren guten Gott erkennen, von dem die Liebe kommt.

Lesung des Predigttextes: Ps 137

Credo
Wir glauben an Gott, den himmlischen Vater, den Schöpfer der Welt, der uns geschaffen hat, damit wir Leben erhalten,

Frieden entwickeln und Sorge tragen für den Bestand der Erde,

weil die Menschen dieser Welt zusammengehören in Gleichheit und Gerechtigkeit.

Wir glauben an Jesus Christus, unseren Herrn, geboren als Mensch in Israel von Maria,
erwählt, mit seinem Leben die Nähe Gottes zu bezeugen.
Er verkündete den Gefangenen Freiheit, den Blinden, dass sie sehen, den Unterdrückten und Armen Befreiung.
Er litt, wurde gefoltert und getötet am Kreuz mit Gewalt von den Mächtigen unter Pontius Pilatus
und wurde auferweckt zum Leben und zur Hoffnung für alle.

Wir glauben an den Heiligen Geist, die Kraft des neuen Lebens in Jesus Christus,
der auch uns und alle Verhältnisse ändert, der uns reich macht im Glauben
und der uns sendet mit dem Ziel, allen Menschen Hoffnung zu bringen auf einen neuen Himmel und eine neue Erde.

Lied: Ich sing dir mein Lied
Lieder zwischen Himmel und Erde, Düsseldorf 2007, 1

Predigt

Liebe Schützinnen und Schützen, liebe Gemeinde, kennt ihr noch das Lied »By the Rivers of Babylon« von Boney M? Die Älteren vielleicht. Meine Mutter hat mir mit zwölf versucht, zu dem Lied Disco-Fox beizubringen. Nun mag ich weder Boney M so besonders noch Disco-Fox. Kurz nachdem ich in den Landkreis gekommen bin, habe ich die »Rivers of Babylon« noch mal gehört. In der Disco hier in der Stadt. Da so in der Alte-Leute-Abteilung. Man kann sich nie sicher sein. Das Lied ist halt ein Disco-Klassiker. Der Song kann auf Partys überall lauern, wenn mal wieder Disco-Fox getanzt werden soll. Keine Ahnung. Vielleicht auch heute Abend hier in Espingen auf dem Schützenfest. Man weiß es nicht.

Was da bei Boney M so nett klingt, hat eigentlich einen bitteren, tieftraurigen Hintergrund. Die Vorlage für den Text ist der Psalm 137. Den habt ihr eben schon als Predigttext gehört. Der Psalm beschreibt Geschehnisse, die sich so ungefähr 500 bis 600 Jahre vor Christus tatsächlich zugetragen haben. Die Babylonier unter ihrem König Nebukadnezar hatten Israel erobert und viele tausend Einwohner aus Israel nach Babylonien entführt. Dorthin, wo heute der Irak ist. Und da hat man die Israeliten als Kriegsgefangene und als Geiseln am Fluss Euphrat und seinen Nebenflüssen angesiedelt. Die Flüsse von Babylon.

Und offensichtlich hatten die normalen Bürger von Babylon da kein so besonders gutes Gespür für die Gefühle der Israeliten. Die weinten nämlich vor Heimweh und vor Sehnsucht nach Zion, dem Berg, auf dem in Jerusalem der Tempel gestanden hatte. Aber die Babylonier forderten die Israeliten auf, ihre schönen Lieder aus der Heimat zu singen. Zur Unterhaltung. Weil die so schön klangen. Weil die vielleicht so schön wehmütig klangen. Das kam bei den Gefangenen nicht gut an.

Die Gefangenen sollten also für ihre Gefängniswärter schöne Lieder singen. Die sollten bei denen für gute Laune sorgen. Aber der Psalm verrät, wie es dabei in den Herzen der Gefangenen aussah. Sie waren zu traurig, um fröhlich zu singen. Die Lieder aus der Heimat taten ihnen zu weh. Ihre Harfen hängten sie an die Weiden, also wohl an den Nagel. Doch die Liebe zur Heimat blieb in ihren Herzen wach. Aber kein Lied aus der Heimat kam für die Fremden über ihre Lippen.

Doch der Hass, die Wut und die Verzweiflung kochten in den Herzen der Israeliten noch einmal hoch. Auf die ehemaligen Nachbarn und Verbündeten der Babylonier – die Elamiter. Die hatten nämlich den Untergang von Jerusalem bejubelt und die Babylonier bei der Zerstörung der Stadt noch angefeuert. Und der Hass auf die Babylonier, auf ihre Peiniger selbst. Selbst auf deren unschuldige Kinder, denen die Israeliten auch einen grausamen Tod wünschen: »Wohl dem, der deine jungen Kinder nimmt und an einem Felsen zerschmettert«. Grausame Worte in einem Psalm! So schrecklich, dass dieser Vers meistens weggelassen wird, wenn der Psalm in der Kirche vorgelesen wird. Aber ich habe das heute mal drin gelassen. Dieser Vers zeigt nämlich ganz gut, was ein Krieg mit uns Menschen so anstellt: Hass erzeugt Hass. Aus Gewalt erwächst neue Gewalt. Die Israeliten waren damals zu schwach, um die Kinder der Babylonier zu ermorden. Sie konnten ihren Worten keine Taten folgen lassen. Das übernahmen dann später die Perser. Die verwüsteten das Reich der Babylonier. Töteten Zehntausende Männer, Frauen und Kinder. Vielleicht Hunderttausende. Auf Gewalt folgt Gewalt. Aus Hass wird neuer Hass. Immer.

Meine Oma sagte früher gerne: »Wo man singt, da lass dich ruhig nieder. Böse Menschen haben keine Lieder.« Das hätte sie eigentlich besser wissen müssen. Meine Oma war keine besonders weise Frau. Sie erzählte ab und zu, dass sie beim BdM so viel gesungen hätten. Beim Bund deutscher Mädchen, der Mädchen-Version der Hitlerjugend. Für sie eine schöne Zeit. Die Erinnerung an Ausflüge und Zeltlager. An eine unbeschwerte Jugend. Welchem Zweck das damals diente, hat sie nie so richtig begriffen.

Wenn man meiner Oma glauben kann, dann waren das allesamt alte Volkslieder gewesen, was sie damals gesungen haben. An sich wohl eher harmlos. Aber schon im Konzept der Nazis so eine Deutschtümelei: Wir mit unseren Liedern gegen die Lieder der anderen. Sonst hätte man ja auch mal was mit den Engländern oder Franzosen oder Russen zusammen singen können. Aber das sollte gerade nicht sein. Keine Verständigung mit anderen Völkern, sondern sich fernhalten. Sich abgrenzen. Unsere Lieder – deren Lieder. Aber ja nicht zusammen singen.

Den Zynismus der Babylonier trieben die Nazis auf die Spitze: Kein Konzentrationslager ohne eigene Häftlingskapelle oder ohne verordneten Gesang: Wenn es morgens in die Fabrik oder in den Steinbruch zum Arbeitseinsatz ging, dann spielte die Musik dazu. Wenn die Züge an der Rampe einführen und die Menschen sortiert wurden, wer noch zu arbeiten hatte und wer sofort ins Gas geschickt wurde, dann spielte die Musik dazu. Und auch wenn die Wachleute vom KZ mal einen bunten Abend haben wollten, dann mussten die Häftlinge für sie aufspielen. Und wer da nicht mitmachte, wer seine Harfe in die Weiden hing, der wurde in der Gaskammer ermordet.

Es ging durchaus noch ein paar Stufen schlimmer als damals in Babylon. Und böse Menschen haben eben durchaus auch Lieder. Und Freude an Musik. Und mit schöner Musik dazu und mit frohen Liedern auf den Lippen wurde schon früher viel Unheil angerichtet.

Aber warum erzähle ich euch das heute? Warum erzähle ich euch das gerade heute an eurem großen Tag? Eine halbe Stunde, bevor ihr mit Tamtam und Blasmusik durchs ganze Dorf ziehen werdet? An einem Tag, wo hoffentlich bis weit nach Mitternacht die Musik durchs Dorf schallen wird und ihr froh und ausgelassen tanzen werdet?

Ich bin ja wirklich – das müsst ihr mir glauben – keine Spaßbremse. Ich ziehe nachher gerne mit euch durchs Dorf, wenn ihr mich gleich noch lasst. Und ich tanze auch gerne auf Feiern oder Partys, wenn es nur kein Disco-Fox ist, kein Paartanz und kein Boney M!

Aber trotzdem habe ich mich in der letzten Zeit gewaltig geärgert: Ihr kennt wahrscheinlich diese Filmaufnahmen von Pfingsten von diesen reichen Hornochsen auf Sylt. Diese wohlbetuchten jungen Männer und Frauen, die zu einem alten Partyhit getanzt und gefeiert haben und dazu gegrölt haben: »Deutschland den Deutschen. Ausländer raus«! Als wäre das ein Witz oder eine lustige Idee.

Und ja nicht nur auf Sylt: gleiches Lied und gleicher Text vor ein paar Monaten in einer Disco mit jungen Vertretern der AfD. Gleiches Lied und gleicher Text auch an diesem Pfingsten auf einer Kirmes in Bayern. Eine Woche später anscheinend sogar hier in unserer Nachbarschaft, nicht direkt auf dem Gelände, aber außen davor beim Pfingstbier in Bantesen. Leute von außerhalb. Die Bantesener selber haben wohl nichts damit zu tun.

Ein unmöglicher Text zu einem Lied auf einem Fest, wo Menschen feiern wollen. Wo sie alle miteinander fröhlich sein wollen. Mit Stimmung und mit ein paar Bier dazu. Und ein paar Typen nehmen sich das und drehen das um. Von einem Fest, das offen ist und menschenfreundlich und gut für die Gemeinschaft, zu einer Feier, auf der Hass und Spaltung und Unfrieden verbreitet werden. Und auch wenn da erst mal nur gehüpft und gesprungen wird: Hass führt zu Hass. Gewalt führt zu Gewalt. Als nächstes werden dann Menschen belästigt, wenn sie die ›falsche‹ Hautfarbe haben. Es wird ihnen Angst gemacht. Dann werden sie bespuckt und geschlagen. Irgendwann geht man aufeinander los.

So was kommt von so was. Fast noch harmlos fängt es an. Im Grauen und im Wahnsinn kann es enden. Kein Krieg, kein Massenmord, der nicht vorher mit Hass und bösen Gedanken vorbereitet wurde. Und »Deutschland den Deutschen, Ausländer raus« sind böse Gedanken. Bei allen Ängsten oder schlechten Erfahrungen, die jemand hat. Bei allen Problemen, die es gibt, oder von denen wir denken, dass es sie gibt und die wir nicht lösen könnten.

Es ist wirklich fast schon ein Irrsinn: Wir leben gerade in einer Zeit, in der wir nicht einmal ganz unbefangen Schützenfest feiern können. Oder Pfingstbier. Oder Wiesenfete. Oder – steht in ein paar Jahren bei mir hoffentlich an: einen 60. Geburtstag: Da wird ein Lied gespielt, und irgendwer oder eine Handvoll Leute oder ein Bus voll Leute singt ein Lied voller Hass auf eine bestimmte Sorte Menschen.

Was mache ich da? Stecker ziehen, Musik aus und Hausverbot? Vor die Tür gehen, so tun, als hätte man es nicht gehört und hoffen, dass es vorbeigeht? Oder mitsingen? Weil man insgeheim dasselbe denkt oder weil man nicht unangenehm auffallen möchte? Weil man darauf nicht vorbereitet oder zu feige ist?

Es ist ein Irrsinn: Auf jeder Feier oder auf jeder Party kann es sich jetzt entscheiden, auf welche Seite die Sache auf einmal kippt. Wie das Fest in Erinnerung bleiben will. Oder wenn es blöd kommt: Unter welcher Überschrift man auf TikTok erscheint. Oder in der Zeitung. Oder, wenn es ganz dicke kommt, sogar in der Tagesschau. Und letzten Endes geht es ja nicht nur um die falschen Texte zu einem alten Lied. Welche Parolen werden an meinem Tisch geschwungen? Wer kriegt wofür Applaus? Wer erntet wofür Widerspruch?

Das ist ein Irrsinn: Wir wollen doch nur ganz friedlich miteinander feiern. Wir wollen doch nur fröhlich sein! Oder ist das am Ende nicht vielleicht auch eine Chance?

Was ist denn so ein Schützenverein? Was soll der denn überhaupt? Einmal im Jahr auf eine Scheibe schießen, in Uniform rauf und runter durchs Dorf laufen und dann ein Wochenende lang tüchtig feiern?

Das reicht euch doch nicht! Das ist euch doch zu wenig! Wenigstens glaube ich ganz fest, dass euch das zu wenig ist. Ich denke, es geht in eurem Verein und bei dem, was ihr macht, doch um viel, viel mehr: Ihr bildet doch eine Gemeinschaft hier im Dorf, damit sich nicht jeder einzeln nur für sich durchs Leben schlägt. Ihr achtet aufeinander und ihr unterstützt euch. Ihr sorgt dafür, dass junge Leute hier bei euch sowas wie Kameradschaft lernen. Dass man verlässlich ist, ehrlich, verantwortungsbewusst, hilfsbereit, freundlich. Jeder, der von euch so eine Uniform trägt, steht damit sichtbar für den ganzen Verein. Wenn sich einer anständig verhält, kommt das dem Ansehen des Vereins zugute. Benimmt sich einer komplett daneben, fällt das irgendwie auch gleich auf den ganzen Verein zurück. Also müsst ihr im Verein lernen, gute Vorbilder zu sein.

Wenn das alles mit dazugehört, dann ist es doch auch richtig, Haltung zu zeigen. Jeder einzelne und alle zusammen. Und damit meine ich ganz einfache, ehrliche Grundsätze: »Wir beurteilen keinen Menschen nach seinem Äußeren oder danach, woher er kommt. Sondern nach seinen Taten und nach seinem Charakter. Wir sind höflich, offen und freundlich und zwar gegenüber jedem. Oder wenn man sich nicht so viele Einzelheiten merken möchte: »Liebe deinen Nächsten wie dich selbst.«

»Liebe deinen Nächsten wie dich selbst.« Die ganze Geschichte mal in seinem Kopf umdrehen. Wie würde sich das für *dich* anhören, wenn da 30 Leute grölen, dass sie dich nicht haben wollen, sondern rausschmeißen? Wenn's sein muss mit Gewalt? Das hört sich für mich nicht wie ein Spaß an. Das ist eine Drohung! Das ist ein Angriff. Dass kannst du dann auch nicht einfach als Spaß durchgehen lassen! Und wer sich im Suff zu sowas hinreißen lässt, der ist für Alkohol einfach nicht geeignet. Dann muss der Brause trinken und am Ende die nach Hause fahren, die mit Alkohol umgehen können.

Aber das bedeutet auch: Wir können ja Haltung zeigen. Wir können auf unseren Feiern doch Haltung zeigen. Wenn bei mir alles stimmt, dann fällt mir das doch gar nicht schwer. Ich muss doch nur ein netter, freundlicher Mensch sein und keinen Hass auf irgendwen haben. Das kriegen wir doch hin!

Und dann bauen wir Brücken und keine Gräben, und dann machen wir die Welt besser und nicht schlechter. Und dann werden der Hass und die Wut kleiner werden. Im Kleinen wie im Großen.

Und so können wir tüchtig feiern und uns freuen, tanzen, trinken, Pommes essen. Und dabei was Gutes tun. Und dann kann sich jeder bei uns beruhigt niederlassen, denn wir haben und wir dulden bei uns keine bösen Lieder.

Amen.

Musik

Lied: Vertraut den neuen Wegen (EG 395)

Fürbittengebet

Guter Gott, wenn wir jetzt feiern, gib deinen Geist der Freude und der Freundschaft dazu, damit wir uns mit offenen Armen und offenen, ehrlichen Herzen so annehmen, wie wir sind. Lass uns fröhlich sein mit einer Freude, die andere Menschen in unsere Gemeinschaft einlädt und die Brücken baut.

Im Gebet sind wir auch bei den Menschen, denen nicht zum Feiern zumute ist: weil sie um andere Menschen trauern. Weil sie Schlimmes erleben mussten. Weil sie aus ihrer Heimat und vor Krieg und Terror und Verfolgung geflohen sind

Sei bei den Traurigen und Niedergeschlagenen, bei den Zögerlichen und Ängstlichen. Bei denen, die mit Sorgen in die Zukunft sehen.

Lass uns diesen Menschen die Hand reichen. Lass uns die richtigen aufmunternden Worte finden. Lass uns tun, was dem Frieden dient.

Das bitten wir dich durch Jesus Christus, unseren Herrn.

Vaterunser

Segen

Es geht um Gut und Böse
Predigt über Lk 3,1–22 im Gottesdienst mit Elbtaufen

Jörg Prahler

Einmal im Jahr feiert die Gemeinde an wechselnden Orten einen Taufgottesdienst mit Taufen in der Elbe. Oftmals sind mehr als zehn Kinder dabei, kleine und auch größere. Diesmal waren es nur vier Babys, aber auch ein Erwachsener. Weil fast alle Gäste der Tauffamilien sind, sind diese Gottesdienste ganz auf diesen Kasus zugeschnitten. Es soll aber auch nicht einfach ein kirchlicher Beitrag zu einem Familienfest sein. Die Verkündigung nimmt Bezug auf eine rassistische Attacke auf zwei kleine Mädchen am Vortag.

Worauf hoffen wir bei der Taufe? Worauf hofft ihr eigentlich bei der Taufe? Die Eltern und Familien der drei Kleinen vielleicht auf einen schönen Tag. Auf ein schönes Fest. Aber irgendwie wahrscheinlich doch noch auf mehr. Sonst bräuchte es die Taufe ja nicht. Ein schönes Fest könnt ihr auch ohne Taufe feiern. Ihr könntet auch selber gute und schlaue Reden halten. Dafür muss man nicht unbedingt einen Pastor dazuholen.

Die Kleinen sind noch so klein. Ich kann mir vorstellen: Der Schutz und der Segen von Gott sind wichtig. Es ist eine große und eine schwere Aufgabe, kleine Kinder groß zu kriegen. Ich traue mir echt viel allein zu. Das aber nun nicht. Und es reicht mir auch nicht, wenn wir unsere Kinder zu zweit großziehen. Oder mit den Großeltern und der Familie noch dazu. Oder, wie man so schön sagt: mit einem ganzen Dorf, das es braucht, ein Kind zu erziehen. Immer noch zu wenig. Zu klein. Zu schwach. Ich brauche mehr Macht. Eine größere Hilfe. Eine ganz andere Art von Hilfe. Ich brauche Gott dazu. Um meine Kinder groß zu machen.

Aber nun haben wir heute hier Sven [Name geändert] mit dabei. Und das ist ein Glück! Du bist sowas wie unsere Versicherung dafür, dass wir heute hier keinen Babykram machen. Selbst nicht bei den Babys. Damit wir nicht immer nur auf die ganz kleinen Kinder gucken. Sondern dass wir die Taufe heute groß machen. Und dass uns zur Taufe

Dinge fürs Leben einfallen, die auch für die Kinder wichtig sein werden. Selbst wenn die einmal erwachsen sein werden.

Denn die drei da werden getauft, wenn sie noch ganz klein sind. Aber sie werden getauft sein, auch wenn sie erwachsen sind. Getaufte Kinder Gottes, selbst wenn sie irgendwann mal alt und grau sind. Denn die Taufe ist fürs ganze Leben. Nicht nur für den Anfang.

An dir, Sven, wird das schon klarer. Du bist groß. Du bist erwachsen. Du bist definitiv aus dem Gröbsten heraus. Du brauchst strenggenommen niemanden, der noch auf dich aufpasst. Der dafür sorgt, dass du klarkommst. Auf den ersten Blick. Auf den zweiten Blick: Brauchen wir nicht alle jemanden, damit wir im Leben klarkommen? Ob wir groß sind oder klein?

Lieber Sven, in der Vorbereitung deiner Taufe haben wir vorher ein paar Gespräche geführt. Keine Panik: Ich darf und ich werde davon jetzt keine Einzelheiten erzählen. Aber du hast dich vorbereitet, und ich habe dich gefragt, welche Fragen zum christlichen Glauben dich am meisten interessieren. Das war unter anderem die Frage nach Gut und Böse. Nach dem Gebot der Nächstenliebe. Wie Gott wohl gerade auf unsere Welt sieht in einer Zeit, in der Kriege toben und so weiter. Das sind erwachsene Gedanken. Gedanken, die wahrscheinlich auch viele von den Eltern und Paten und Großeltern umtreiben.

Ich formuliere es für mich mal so: Wie kann mir der Glaube helfen, ein besserer Mensch zu werden? Wie kann unser Glaube an Gott helfen, dass diese Welt ein besserer Ort wird? Und da sind wir ganz, ganz dicht am Ursprung der Taufe.

Denn die Taufe geht auf die Anfangszeit von Jesus zurück. Als Jesus noch nicht als der große Messias bekannt war. Sondern noch gar nicht bekannt. Ein Suchender. Ein Hörer. Vielleicht sogar ein Schüler von jemand anderem. Von Johannes dem Täufer, den er kurze Zeit später so weit um Längen übertreffen würde. Und das ist der Anfang unserer Taufe. So wie der Evangelist Lukas uns das erzählt:

Johannes zog durch die ganze Gegend am Jordan und verkündete den Menschen: »Lasst euch taufen und ändert euer Leben! Gott will euch eure Schuld vergeben.« Die Menschen kamen in Scharen zu Johannes heraus, um sich von ihm taufen zu lassen. Er sagte zu ihnen: »Ihr Schlangenbrut! Wer hat euch auf den Gedanken gebracht, dass ihr dem bevorstehenden Gericht Gottes entgeht? Zeigt durch euer Verhalten, dass ihr euer Leben wirklich ändern wollt! Redet euch nicht ein: ›Abraham ist unser Vater!‹ Denn ich sage euch: Gott kann diese Steine hier zu Kindern Abrahams machen. Die Axt ist schon an die Baumwurzel gesetzt: Jeder Baum, der keine gute Frucht bringt, wird umgehauen und ins Feuer geworfen.«

Die Leute fragten Johannes: »Was sollen wir denn tun?« Er antwortete: »Wer zwei Hemden hat, soll dem eins geben, der keines hat. Wer etwas zu essen hat, soll auf die gleiche Weise handeln.«

Es kamen aber auch Zolleinnehmer, um sich taufen zu lassen. Die fragten Johannes: »Lehrer, was sollen wir tun?« Er antwortete: »Verlangt nicht mehr, als in euren Vorschriften steht!«

Es fragten ihn aber auch Soldaten: »Und wir, was sollen wir tun?« Er antwortete: »Misshandelt und erpresst niemanden, sondern gebt euch mit eurem Sold zufrieden!«

Johannes lebte zu dieser Zeit also am Fluss Jordan. Ein Fluss, deutlich kleiner, aber doch irgendwie ganz ähnlich wie hier an der Elbe. Und Johannes predigte. Und Johannes taufte die Menschen im Fluss. So wie wir das heute hier auch machen werden. Und wahrscheinlich eher die Erwachsenen als die Kinder. Und dann wahrscheinlich auch eher so wie nachher bei Sven als bei den Kleinen.

Und die Menschen strömten hin zu Johannes, obwohl der eigentlich wenig gute Laune um sich herum verbreitete. Kein gutes Gefühl, sondern ein Unbehagen. Keine gute Stimmung, sondern eine Unruhe. Denn die Zeiten waren schlecht. Vieles stimmte nicht. Und konnte nicht so weitergehen. Und irgendwie hatten auch viele das Gefühl: So wie bisher kann es nicht weitergehen.

Und Johannes fand klare Worte: für die Sorglosen, die dachten: »Das wird schon alles gut gehen. Ich muss nichts dafür tun. Ich, ich gehöre doch quasi schon von Geburt an zu den Guten. Ich rutsche da so durch. Von meiner Herkunft her. Weil ich in meinem Dorf anerkannt und akzeptiert bin. Weil ich unauffällig in der Mitte so mitschwimme.« Und genau solche Leute hatte Johannes gefressen: »Ihr Schlangenbrut!«

Oder Leute, die sich für ein sorgloses Leben eingerichtet hatten, während um sie herum gehungert wurde und die Menschen vom Nötigsten zu wenig hatten. Leute wie wir, wenn wir darüber jammern, dass es etwas kostet, Menschen in Not zu helfen.

Leute, die andere betrügen. Die sie abkassieren und um die Früchte ihrer Arbeit bringen. Leute, die ihre Machtposition ausnutzen und Gewalt ausüben gegen die, die sich nicht wehren können.

Johannes sprach das an: Klar, direkt. Ohne Umschweife. Der überlegte nicht: »Wie spreche ich das am besten an, ohne dass sich jemand beleidigt fühlt?« Der kam geradeheraus mit der Wahrheit. Mit einer Wahrheit, die weh tat. Trotzdem kamen die Leute. Kein harmloses Tauffest, sondern eine Entscheidung für ein anderes Leben. Trotzdem kamen die Leute. Auch Jesus.

Das Volk setzte große Erwartungen in Johannes. Alle fragten sich: »Ist er vielleicht der Christus?« Johannes erklärte ihnen: »Ich taufe euch mit Wasser. Aber es kommt einer, der ist mächtiger als ich. Ich bin es nicht einmal wert, ihm die Riemen seiner Sandalen aufzuschnüren. Er wird euch mit Heiligem Geist und mit Feuer taufen. Er hat die Worfschaufel in seiner Hand. Damit wird er sein Getreide gründlich aussieben. Den Weizen wird er in seine Scheune bringen. Aber das Stroh wird er in einem Feuer verbrennen, das nicht ausgeht.« Mit diesen und vielen anderen Worten rüttelte Johannes das Volk auf. So verkündete er die gute Nachricht.

Jesus kam, und bald schon wurde er berühmter und wohl auch beliebter als Johannes. Wohl auch, weil Johannes bald darauf von König Herodes gefangengenommen und ermordet wurde. Vielleicht auch, weil Jesus im Ton freundlicher war als Johannes. Im Ton, gar nicht so sehr in der Sache. Auch Jesus wollte, dass unter uns Menschen eine neue Zeit anbricht. Das Reich Gottes, das auf Erden beginnt und in Gottes neuer Welt vollendet wird. Und alle, die an ihn glauben, später alle, die auf seinen Namen getauft sind, fangen damit an. Sich zu ändern. Die Welt zu ändern.

2000 Jahre später. Gestern. Wir fahren mit dem Auto nach Bad Bevensen. Kreispokalendspiel der U17. Vorne meine Frau und ich. Hinten unser Sohn und zwei seiner Mannschaftskameraden. Im Radio laufen Nachrichten. In den Nachrichten eine Stimme. Der Bürgermeister der Stadt Grevesmühlen. Eine Stadt mit 10.0000 Einwohnern. Scheinbar eine kleine, friedliche Stadt in Mecklenburg-Vorpommern. Aber der Schein trügt. Friedlich nicht für jeden, der dort lebt: Eine Horde von 20 Jugendlichen hat zwei kleine Mädchen angegangen. Eine acht Jahre alt. Eine zehn Jahre alt. Die Jugendlichen haben den Mädchen den Weg versperrt. Eine hat sein Bein ausgestreckt und das kleine Mädchen im Gesicht getroffen. Als ihr Vater sie schützen und die Jugendlichen zur Rede stellen wollte, haben sie auch ihn angegriffen. Vater und Tochter wurden ins Krankenhaus gebracht.

Die beiden Kinder kommen aus Ghana. Sie leben seit 2016 in der Stadt. Der Vater hat Arbeit. Die Kinder gehen in die Schule und in den Sportverein. Es ist nicht das erste Mal, dass man sie rassistisch beleidigt hat. Das geschieht immer wieder. Der Bürgermeister findet deutliche Worte: »Diese rassistisch motivierte Tat macht mich einfach fassungslos. Das zeugt von bodenlosem Hass und enthemmter Unmenschlichkeit und lässt sich nicht entschuldigen. Auch nicht dadurch, dass die Täter Jugendliche seien«.

Was der Bürgermeister sagt, das würde ich unterschreiben. Ich finde das mutig, aber auch nötig. Und ich denke: 20 Jugendliche in einer Stadt von 10.000. 20 Familien. 20 Freundeskreise, Schulklassen. Wie weit reicht das?

So viele Jugendliche wie noch nie haben bei der Europawahl rechts gewählt. Finden das offensichtlich okay, wenn Parolen gegrölt werden wie »Ausländer raus«. Denken insgeheim auch »recht so«, wenn achtjährigen Mädchen mit dem Bein oder Fuß vor dem Gesicht herumgefuchtelt wird, weil dieses Gesicht schwarz ist.

Ich finde es richtig, was der Bürgermeister im Fernsehen gesagt hat. Was er übrigens auch schon vor Wochen und Monaten in Grevesmühlen gesagt hat und nicht wie so viele Politiker immer nur hinterher: dass Rassismus eine Gefahr ist. Dass wir das nicht verharmlosen dürfen. Dass jeder einzelne dagegen Zivilcourage zeigen muss.

Das ist richtig und auch wichtig, das zu sagen. Und zur Zeit können wir das auch noch. Aber wie lange wird das noch so gehen? Wie lange darf man das noch laut sagen, ohne um seine eigene Gesundheit fürchten zu müssen? Um sein eigenes Leben?

In diesem Winter haben sie bei den Bauernprotesten hier bei uns Galgen aufgestellt. In den Parteifarben der Regierung. Das war kein Protest gegen die Ampel. Das war eine Drohung: »Wenn wir so könnten, wie wir wollten, dann würden wir euch so aufhängen«. Ich habe mir gemerkt, an welchen Ortsschildern diese Galgen hingen. Welche Politiker und Funktionäre sowas klein- und schöngeredet haben.

»Mein Kreuz hat keine Haken«. Ich habe mir gemerkt, in welchen Kommunen diese Kreuze nicht an öffentlichen Gebäuden stehen dürfen. Wo sie wieder abgerissen wurden. Wo Gemeinderäte die Gefahr von Menschenfeinden nicht sehen wollten. Oder schlimmer: Wo sie offenkundige Menschenfeinde nicht als das benennen wollen, was sie sind.

Das Mindestmaß an Anstand, das doch wohl jeder haben müsste: Die Würde des Menschen ist unantastbar. Jeder Mensch ist ein Kind Gottes. Der minimale Konsens der christlichen Gemeinschaft. Der Demokratie. Ich sage es: das Mindestmaß der menschlichen Zivilisation: Kein Mensch soll den anderen fürchten müssen. Weil er ist, was er ist. Weil er liebt, wen er liebt. Weil er eine andere Meinung hat.

Ja, Sven, du hast recht: Im christlichen Glauben geht es um Gut und Böse. Und manchmal ist es eindeutig klar, was gut ist. Und was eindeutig böse ist. Und wir Christen – wenn es irgendeinen Sinn hat, warum es uns in dieser Welt gibt –, wir Christinnen und Christen haben verdammt noch mal die Aufgabe und die Pflicht, dem Guten zu dienen und dem Bösen zu wehren.

Und wenn du nachher in diesen Fluss steigst, um dich taufen zu lassen, dann verdammt noch mal auch, um dich den Guten anzuschließen und um in dieser Welt etwas zu ändern. Und wenn ihr nachher eure Kinder zur Taufe in diesen Fluss tragt, dann, damit eure Kinder zu guten Menschen heranwachsen. Die ihre Mitmenschen achten. Und dann aber auch, damit ihr ihnen das auch vorlebt.

Eine Taufe muss etwas ändern, sonst vergeuden wir hier unsere Zeit. Sie muss unsere Herzen stark machen und unsere Köpfe klar. Gottes Liebe zu uns ist immer da. Aber die Taufe zeigt: Wir wollen diese Liebe in unser Leben hineinnehmen. Wir wollen uns zum Guten verändern lassen. Wir mögen dabei auch manchmal müde werden. Wir können uns verirren und uns falsch entscheiden. Aber wir wollen uns doch wenigstens Mühe geben.

Johannes zog durch die ganze Gegend am Jordan und verkündete den Menschen: »Lasst euch taufen und ändert euer Leben! Gott will euch eure Schuld vergeben.« Ich sage euch, Leute, nehmt das ernst. Macht das fest in euren Herzen. Sonst laufen wir alle auf böse Zeiten zu.

Zukunft der Kirche

Nur wer zum Himmel schaut, lässt den Kopf nicht hängen
Einige gewagte Gedanken zur Zukunft der Kirche

Ludwig Burgdörfer

Bestandsaufnahme

Früher gab es die Kirchen und das Volk. Und die Kirchen und das Volk waren eins. Nicht immer einig zwar, aber beisammen halt. Wie es das Schicksal wollte. Niemand hatte eine Wahl gehabt. Niemand wurde gefragt. Man kam auf die Welt – und schon war man irgendwie in einer Kirche. Automatisch, chronisch, so weit, so gut. Das musste man nicht verstehen. Das hat sich von selbst verstanden. Wie man in eine Familie hineingeboren wurde, so eben auch in eine Kirche. Beides hat man sich nicht ausgesucht. Beides war vorgegeben eben. Ungetauft durften die Neugeborenen lange gar nicht vor die Tür.

Um die Kirche im Dorf zu lassen, musste man alle erfassen. Alle Leute hörten auf das Läuten. Der Werktag, der Sonntag, der Feiertag, das Jahr und das Leben, alles wurde vom Kirchturm her getaktet. »Heiliger Bim Bam!« hat man das genannt ... Arbeit, Ruhe, Fest und Trauer – alles um die Kirchenmauer.

Heute gibt es die Kirchen immer noch. Und das Volk gibt es auch – weitgehend ... Aber sie sind nicht mehr eins. Sie sind immer mehr entzweit. Und zunehmend sind sie sich herzinnigst egal! Nicht einmal die Hälfte der Leute ist noch dabei. Vor 40 Jahren noch bezeichneten sich 9 von 10 Gefragten als Christen. Heute sind es vielleicht noch 4. Vier gerinnt!

Und das liegt nicht nur an der elend langen bangen Kirchengeschichte mit dem ganzen Imageproblem rund um Machtkämpfe und koloniale Hypothek. Natürlich schleppen das die Kirchen mit sich herum. Und sie tragen schwer an ihrer Vergangenheit. Das zieht sie runter, macht sie klein, merkwürdig mit sich selbst beschäftigt, gramgebeugt. Hinzu kommt der fragwürdige Umgang mit der ganzen Missbrauchsaffäre und dem zunehmenden Verlust mit der abnehmenden Bedeutung – weniger Geld, weniger Geltung! Und die Anziehungskraft und der

Charme der so entblößten Unerlösten, der ist so dermaßen unattraktiv, dass niemand mehr so recht glauben will, dass es womöglich erstrebenswert, bereichernd und beglückend sein könnte, da dazuzugehören. Dabei sind die Leute nicht etwa gottlos. Im Gegenteil! Sie sind auf der Suche nach Sinn und Halt wie eh und je. Religion ist nach wie vor ein Megatrend. Aber er führt nicht unters Kirchendach. Denn da draußen gibt es einen großen Markt der Möglichkeiten, sich begleiten, unterhalten und begeistern zu lassen. Auch spirituell eventuell! Die Leute mixen sich ihren religiösen Cocktail selbst, ungerührt lassen sie sich von anderen Anbietern schütteln. Und die leeren Kirchenbänke stehen da wie ungenutzte Parkplätze. Himmelschreiend ist das. Aber aufsehenerregender müsste es sein!

Und wenn wir schon nicht aus Gründen der Anbetung, des Lobpreises und des Osterlachens nach dem Himmel greifen, dann sollten wir es wenigstens mit unserem Kummer und unserer Sehnsucht tun und Ausschau halten und fragen, wo der Himmel ist, der bis zu uns herunterkommt.

So wie Jesus vom Himmel hoch. Der ist doch genau deshalb in unsere Verhältnisse eingestiegen, um uns auf die gute Idee zu bringen, himmelweite Lust nach oben zu bekommen. Ich wünsche mir, dass wir Augen für den Himmel haben, die Köpfe recken und an Wunder glauben, sogar an das Wunder vom Gottesvolk, das Gott sucht und von ihm gefunden wird – gut sogar. Wer nicht an Wunder glaubt, ist kein realer Christ, der fragt: Weißt du, wo der Himmel ist?

Musik/Lied: Weißt du, wo der Himmel ist?
Evangelisches Kindergesangbuch 69

Wie der Glaube daherkommt
Wie wir so daherkommen, das sagt schon alles. Wir müssen gar nicht viel sagen, keine großen Erklärungen abgeben, wir kommen irgendwo rein oder raus und sehen entsprechend aus. Das ist Körpersprache, die das vielsagend ausdrückt, wie es uns geht.

Was unseren Glauben betrifft, so kommen wir auch da nicht ohne die Körpersprache aus. Das habe ich schon als kleiner Junge voll durchschaut: Mein Vater hat mich immer mit zum Gottesdienst genommen. Wir saßen in unserer kleinen Dorfkirche stets auf der Empore, also dort, wo die richtigen Männer ihren Platz hatten, und da hatte man die

beste Sicht auf das Geschehen. Meistens war es eher lange und wei-
lig, aber wenn an besonderen Feiertagen das Abendmahl auf dem Programm stand, dann wurde es interessant. Da kamen nämlich die Leute
nacheinander nach vorne zum Altar, um Brot und Wein in Empfang zu
nehmen.

Und da habe ich es ganz schnell erkannt: Wer ganz schön gläubig ist
und zu Gott nach vorne kommt, muss am besten ganz schaurig traurig sein. Das passt. Ich sah, wie da vor allem die großen und starken
Männer, die mir die ganze Woche über wie Riesen so stark und mächtig bei der Arbeit vorkamen, wie die beim Betreten des Altarraums so
dermaßen zu schrumpfen schienen, dass man Angst um sie haben
musste, ob das Ganze gut ausgeht. Mich hat dieser schwere Gang zum
Altar sehr beeindruckt. Und ich dachte damals: Hoffentlich muss ich
da nicht auch irgendwann hingehen. Und dann sah ich immer und
immer wieder, wie die Leute gebeugt und mit hängenden Köpfen aus
der Kirche wieder nach Hause schlichen.

Dieser Eindruck hat mich so nachhaltig geprägt, sodass ich sogar einmal
einem Presbyterium vorgeschlagen habe, man möchte erstens die Leute
am Eingang freundlich begrüßen, damit sie angstfrei und gerne herein-
kommen, und am Ende genauso freundlich wieder verabschieden. Und
wenn sich bei dieser dezenten Gesichtskontrolle herausstellen sollte,
dass die Gesichter nach dem Gottesdienst noch trauriger daherkämen als
vorher, dass also die Leute noch kleiner und gebeugter geworden wären,
während wir triumphal von der Liebe Gottes gesungen und gesprochen
hätten, dann sollten umgehend die Glocken noch einmal eingeschaltet
werden und das Ganze müsste von vorne beginnen, weil wir eindeutig
etwas falsch gemacht hätten. Mein Antrag wurde angelehnt.

Aber ich bin bis heute der Meinung, dass es eigentlich unsere allererste
und vornehmste Aufgabe sein müsste, die Menschen mit der Ermuti-
gung zum Glauben, Lieben und Hoffen so dermaßen zu erfreuen, dass
sie dabei groß und stark werden, angeredet, angesehen, aufgerichtet
ihres Weges gehen.

Ich habe einfach gar keine Lust, in der Kirche so ganz *oben ohne* zu
sein. Ich meine ohne »obenauf«, »nach oben offen«, im Hinblick auf
himmelhohe Aussichten, mit Lust nach oben, so anspruchsvoll wie nur
geht, sich bloß nicht zufriedengeben und abfinden mit dem, was ist,
oder nicht mehr ist, sondern aufwärts froh den Blick gewandt bis in den
siebten Himmel wachsen wollen.

Gar nicht mitreisend

Letztens habe ich an einem Sonntag auf der Fahrt durch die Südpfalz mehrere blaue Busse des öffentlichen Personennahverkehrs gesehen. An einem Stück. Auf einer Fahrt. Sie sind mir alle entgegengekommen, sind gefahren, als hätte alles seinen Sinn und Zweck. Aber ich habe ganz genau gesehen, was da vor sich ging. Und das war alles andere als mitreisend! In jedem Bus saß nämlich meistens nur ein Mensch. Der Busfahrer.

Allein von Haus zu Haus. Der Fahrplan hat das sicher genauso vorgesehen. Ich meine, dass die Busse fahren. Immer schön die Linie entlang. Von Haltestelle zu Haltestelle. Bestimmt hat sich das jemand einmal genau so ausgedacht. Zu einem Zeitpunkt, als da auch noch Leute standen, die abgeholt werden wollten. Das muss es ja einmal genauso gegeben haben. Hoffe ich. Irgendwann einmal sind die Leute genau darauf abgefahren. Aber dann hatte diese Omnibusidee wohl nicht mehr für alle einen Reiz, sprich: Kein Mensch ist mehr eingestiegen, niemand wollte mitgenommen werden. Da spätestens hätte aber jemand aufmerksam werden müssen auf die Misere. Aber alle haben es übersehen. Niemand hat gesagt: »Hallo! Merkt denn niemand, dass das alles Leerfahrten sind?« Und dann hätte man sich in Sachen ÖPNV einmal überlegen müssen, woran das liegt. Hätte sich einen Überblick verschaffen und das ganze einmal anschauen müssen:
Ob die Busse zu groß,
die Fahrzeiten zu ungünstig,
die Luft zu schlecht,
die Heizung zu kalt,
die Haltestellen im Niemandsland,
die Fahrtrouten zu uninteressant,
die Busfahrer zu unfreundlich,
die Sitzplätze zu unbequem sind?
Oder was?
Anstatt etwas zu ändern, zu überdenken, den Bedürfnissen anzupassen, wird einfach weitergefahren. Leer, aber pünktlich.

Genau so kommt mir meine Kirche vor. Jeden Sonntag läuten die Glocken an allen Haltestellen des öffentlichen Personen-Glaubensverkehrs. Und die Busfahrer sind schon da. Noch. In der Hoffnung, dass jemand das Angebot annimmt und mitreist, sich auf den Weg des Glaubens macht. Ganz genau nach Fahrplan fangen die Gottesdienste an. Und alle tun so, als sei der Bus nicht unbedingt voll, aber gut besetzt. Aber es ist meistens doch eine ziemliche Leerfahrt. Natürlich hat es das früher einmal gegeben. Hoffe ich ...

Es hat wohl schon einmal funktioniert, angeblich. Die Leute kamen regelmäßig, heißt es, hatten ihren Platz und ließen sich abholen und mitnehmen. Da hat dann das Leben im Glauben schon noch Fahrt aufgenommen und die Leute vorangebracht. Aber irgendwann sahen sie beim Hinausgehen immer mitgenommener aus, irgendwann sind sie nur noch selten eingestiegen, haben immer weniger die Haltestellen aufgesucht. Da spätestens hätte aber jemand aufmerksam werden müssen auf die Misere und das pausenlose So-tun-als-Ob. Aber alle haben es übersehen wollen. Niemand hat wohl laut genug gesagt: »Hallo, merkt ihr denn nicht, dass das fast niemand mehr mitreisend findet, was wir da machen?« Und dann hätte man sich in Sachen Öffentlicher Personen- Glaubensverkehr einmal überlegen müssen, woran das liegt.

Ob die Kirchen zu groß,

die Gottesdienstzeiten zu ungünstig,

die Stimmung zu schlecht,

die Heizung zu kalt,

die vorgeschlagenen Fahrpläne zu lebensfremd,

das Bodenpersonal zu unfreundlich,

die Kirchenbänke zu unbequem sind.

Oder was?

Anstatt etwas zu ändern und die Mitfahrgelegenheiten des lebensdienlichen Glaubens den Bedürfnissen der Leute anzupassen, ist man einfach so weiter verfahren, hat kaum neue Wege gefunden, die zielführend und aussichtsreich genug gewesen sind. Leer, aber pünktlich. Und das macht mich um so nachdenklicher, weil ich ja selber auch ein Busfahrer bin.

Musik/Lied

Nicht im falschen Film

»Komm, wir gehen ins Kino!« Mit Popcorn und Nervenkitzel, großer

Leinwand, starkem Ton und zwei Stunden Abtauchen, um einigermaßen erschüttert, berührt, verzaubert zu werden. Das hat was! Das ist ein
Erlebnis! Aber es ist in Gefahr.

Die Corona-Pandemie hat auch diese Branche an den Rand des Ruins
gebracht. Erst waren sie ganz geschlossen, dann galten Coronaregeln,
die nicht unbedingt Anreiz zum Kommen waren. Und jetzt, da wieder
alles fast normal und offen ist, bleibt ein gutes Drittel der Besucher
trotzdem weg, ist einfach nicht wieder zurückgekommen. Die Leute
haben sich nämlich in der Zwischenzeit ihr eigenes Kino zuhause
erfunden. Mediathek und Streamingdienste sind eingesprungen, alles
wird direkt ins Wohnzimmer gebeamt, man muss sich nicht mehr auf-
raffen, Schuhe anziehen, schön machen, rausgehen mit Stock und Hut.
My home is my castle and my cinema!

Die Kinobetreiber rätseln und suchen nach Lösungen, wie die Leute
wieder zu gewinnen sind. Vorschläge werden gemacht: Manche meinen, alles sollte teurer werden, damit es wieder was wert ist, andere
setzen darauf, vor allem die alten Klassiker zu zeigen, die die Leute im
Großformat und Kinosound nostalgisch mit Gänsehautgarantie an ihre
Jugend erinnern. Man sollte wieder mehr in die Innenstädte gehen,
näher zu den Leuten. Kino sollte kombiniert mit Café, Shop und Res-
taurant attraktiver sein. Das Gemeinschaftserlebnis sollte gegen den
Rückzug ins rein Private hervorgehoben werden. Einzelne Kinos sollten feste Freundeskreise an sich binden, die sich mit ›ihrem‹ Film-
theater identifizieren und sogar das Programm selbst mitbestimmen.
Kinos müssten zusammenarbeiten, um genügend Leute zusammenzu-
bekommen. Treffen mit echten Schauspielern und Werkstattgespräche
mit Filmemachern, Foren für Nachgespräche über den gerade gemeinsam gesehenen Film könnten reizvoll sein. Kurzum, die Menschen sollen wieder den Mehrwert des Kinos entdecken.

Womit bewiesen wäre: Kinos sind wie Kirchen! Sie haben ihre Kund-
schaft verloren. Die hat es sich zuhause bequem gemacht, scheut das
Bad in der Menge, genießt den Schonraum der Privatheit und kriegt
alles frei Haus. Auch einen guten Gottesdienst. Dabei haben die Leute
ganz vergessen, wie schön sich erlebte Gemeinschaft anfühlen kann,
was der anberaumte Erlebnisort an Atmosphäre bedeutet und wie wichtig es ist, nicht nur bei sich zu sein, sondern auch beieinander, zusammen im richtigen Film, der unter die Haut geht, erschüttert, berührt,
verzaubert. Vielleicht sollten sich Kirche und Kinos zusammentun?

Aber Achtung! Auch da gilt: Nur wer den Kopf nicht hängenlässt, kriegt was mit vom Film, der läuft.

Musik/Lied

Das Blaue vom Himmel
Jetzt wollen wir uns auch noch das Blaue vom Himmel versprechen. Endlich. Es wird aber auch höchste Zeit, finde ich. Zumal die Stimmung so am Boden ist, allüberall! Ich nehme gerade innerkirchlich eine Stimmung zunehmender Niedergeschlagenheit wahr. Sie breitet sich unaufhaltsam aus mit der unbändigen Wucht einer Tyrannei des Missmuts. Wer sich dagegen aufbäumen will, bekommt prompt einen Dämpfer.

Um sich greift ein allgemein zu ertragendes Übereinkommen, dass es wohl am besten sei für uns alle, angesichts der niederschmetternden Nachrichtenlage im Allgemeinen und in der Kirche im Besonderen jetzt endgültig den Kopf hängen zu lassen. Die Klimakrise ist nicht nur meteorologisch, sondern auch theologisch logisch. Diese miese Krise zieht durch alle Räume und Träume und Köpfe und Herzen. Es ist mittlerweile ganz und gar unpopulär und schwer, irgendetwas Positives zu sagen – und sei es aus Versehen. Mir kommt es vor, als habe uns irgendjemand strikt verboten, aufrecht zu gehen, als sei es das Gebot der Stunde, sich wegzuducken und nur noch auf das böse Ende von allem zu warten. So, als sei da kein Stern, der leuchtet, kein Lichtblick, kein Hoffnungsschimmer. Weil nur noch Passion passiert. Der aufrechte Gang des trotzköpfigen Glaubens ist vom Aussterben bedroht. Es gibt anscheinend kein Ansehen mehr in der Kirche, schon gar nicht eines, das man genießen könnte. Wir schauen uns nicht mehr gern um – nach uns. Lieber sehen wir davon ab, uns anzusehen und zu grüßen. Alles hat irgendwie kein Gesicht. Wo bleibt die Liebe auf den ersten Blick? Wo das aufsehenerregende österliche »Aber HALLO!«?

Die meisten glauben inzwischen tatsächlich einigermaßen zweifellos, dass der Himmel grau ist. Zusehens verbreitet sich dieses jüngste Gerücht. Wehe, es hat jemand »KOPF HOCH!« gerufen. Und doch wäre das schon die einzig wahre Botschaft der Stunde. Der Einspruch gegen die Untergangsstimmung und die Grabesruh. Sieh zu, pass auf, schau hin, nicht weg, heb den Blick, und du wirst sehen, dass der Himmel blau ist. Nicht grau in grau. Manchmal vielleicht heiter bis wolkig, mag sein, aber von Hause aus ist er blau, himmelblau, lichthell, himmelweit, grenzenlos gottvoll.

Schon immer hat Gott seinen Leute – wenn's drauf ankam – »KOPF HOCH!« zugerufen. Einen Abraham ließ er hinsichtlich aussichtsloser Zukunftsperspektiven intensiv zum Himmel schauen mit der spannenden Frage: »Weißt du, wie viel Sternlein stehen?« Da muss man mit allem rechnen, auch mit viel Zukunft und Hoffnung. Oder denken wir an die Sterndeuter an Weihnachten: Die lesen und deuten doch die Zeichensprache des Himmels und kommen nur so zum Kind. Hätten sie die Köpfe hängenlassen, wäre der Stall nie aufgetaucht.

Den Himmel auf Erden findet nur, wer danach Ausschau hält, sich reckt und streckt und auf den Zehenspitzen der Zuversicht steht. Denn unsere Hilfe kommt von dem Herrn, der Himmel und Erde gemacht hat!

Wann also fangen wir endlich an, uns das Blaue vom Himmel zu versprechen, wenn nicht heute? Die Tyrannei der hängenden Köpfe soll ein Ende haben unter uns. Gegen den Trend entziehen wir uns der unsäglichen Anziehungskraft des Niedergangs und richten uns auf zur Unbeugsamkeit eines neuen unglaublichen Glaubens, der sagt: Das Grab ist leer! Der Tod ist tot. Jesus lebt, mit ihm auch ich! Steht endlich auf: »Erhebt eure Häupter, weil sich eure Erlösung naht!« (Lk 21,28) Der Himmel ist blau. Versprochen!

Musik/Lied

Stellenausschreibung

Das weltweit agierende Unternehmen GOTT & SOHN sucht stellenweise Leute heute. Besonders gebraucht werden Menschen mit einer Doppelbegabung: Sie sollen die Bibel und die Zeitung lesen können. Darüber hinaus werden geschlechtsübergreifend Fachkräfte gesucht, die bereit sind, sich anständig anzustellen als:

Beter,

Erzähler,

Besucher,

Tröster, die selbst bei Trost sind,

Fußgänger und Draufgänger und umgängliche Umgänger,

Zuhörer und Zuneiger,

musikalische Musikanten,

Gläubige, die zweifeln können,

und Zweifler, die fast alles glauben,
gute Besserwisser, wenn schon,
sieben bis acht Neunmalkluge – bitte nicht mehr!,
schlaue Schlaumeier,
schlichte Schlichter
und jede Menge Aktenvernichter (unbedingt!),
streitbare Streiter,
gut gelaunte Frühaufsteher und verträumte Nachtschwärmer,
nachsichtige Sucher,
barmherzige herzige Verwalter,
helle Köpfe und warme Herzen,
Geheimniskrämer und Angstabnehmer –
kurzum:
die ganze Elite aus unserer Mitte.
Heimarbeit ist erwünscht,
Mitarbeit weder zeit- noch ortsgebunden.
Gewinnanteile werden in Form von Leben vor und nach dem Tod aus-
geschüttet.
Die Lohntüte ist voller Sinn.
Der Arbeitsfriede wird angestrebt, aber nicht garantiert.
Das Streikrecht wird nicht abgesprochen,
aber in barer Münze wird dabei nicht heimgezahlt.
Himmelhohe Aufstiegschancen werden eingeräumt.
Betriebsversammlung ist jeden Sonntag zwecks Bilanz und Auftrags-
lage.
Flexibel ist die Arbeitszeit. Sie endet mit der Lebenszeit.
Vorerst zumindest.
Dann ist mit einem einstweiligen Ruhestand zu rechnen. Endlich.
Näheres regelt die Geschäftsleitung.
Zuständiger Gerichtsort ist der Himmel.
Vorstellungsgespräche können jederzeit stattfinden.
Senior und Juniorchef sind angeblich jederzeit erreichbar.
Einzig gefragte Kernkompetenz ist:
»KOPF HOCH!« noch beherrschen,
aufrecht gehen mit Lust nach oben,
mit Blick zu den Sternen und Habacht auf die Gassen.
Wer will, kann heute noch anfangen.

Maria & Bach
Predigt mit Kantate

Tina Blomenkamp

Die Predigt wurde im Einführungsgottesdienst zum Dienstantritt in der Lu-
thergemeinde Karlsruhe gehalten, dazu die Kantate »Mein Seel erhebt den
Herren« (BWV 10) von Johann Sebastian Bach aufgeführt.
Der Gottesdienst wird für die meisten Gemeinden in dieser Form nicht unmit-
telbar übertragbar sein, kann aber vielleicht doch Impulse für die Gestaltung
geben.

Kantate, Nr. 2 (Arie Sopran)
Herr, der du stark und mächtig bist, Gott, dessen Name heilig ist, wie
wunderbar sind deine Werke! Du siehest mich Elenden an, du hast an
mir so viel getan, dass ich nicht alles zähle und merke.

Predigt 1
Lieber Johann Sebastian Bach, unbedingt und sofort muss ich zur Feder
greifen und Ihnen schreiben – denn ich habe entdeckt, dass unsere
Gedanken und Gefühle zueinander gefunden haben! Dieses Lied: Ich
hatte es schon vergessen und der Geschichte zur Aufbewahrung über-
geben. Woher kannte ich es nur? Sicher ist es ein alter Gesang meiner
Mütter und Väter, ein Schatz, den sie mir ins Herz gelegt haben. Dieses
Lied: Wieviel hat es mir bedeutet in den bangen Monaten der Schwan-
gerschaft! Wenn ich die vielsagenden Blicke in meinem Rücken spürte.
die Beschimpfungen, die Verleumdungen, die Einsamkeit. Als ich für
mein Leben und für das meines Sohnes keine Hoffnung mehr hatte.
Dieses Lied: Gestern habe ich es gehört. Mit Ihrer Musik. Sie haben
mein Schatzkästchen geöffnet. Sie haben meine Gedanken und Gefühle
wieder hervorgeholt: die Kompromisslosigkeit einer jungen Frau. Die
trotzige Hoffnung: Gott sorgt für Gerechtigkeit!
Ich sehe alles vor mir. Meine kleine Kammer, in der ich weinend saß.
Die langen Wege zu meiner Freundin, ohne die ich verloren gewesen
wäre. Der Felsvorsprung, auf dem ich unterwegs meine müden Beine

ausstreckte. Den Esel, meinen treuen Kameraden, dem ich mein Lied ins Ohr flüstern konnte: Gott, du bist stark und mächtig, sieh mich doch an!

Lieber Johann Sebastian Bach, ich finde keine Worte für Ihre Musik! Für diese ungestümen, herrlichen Klänge, die niemals zum Stillstand kommen und einen glauben machen, eine junge alleinerziehende Mutter kann nichts auf der Welt erschüttern. Keine Mächtigen und Klugen, keine Gewalt und kein Unrecht.

Schreiben Sie mir doch recht bald, lieber Johann Sebastian Bach! Und lassen Sie mich wissen, was Sie auf diese Frage antworten: Vertrauen Sie auf Gottes Gerechtigkeit? In aufrichtiger Verbundenheit und innigster Seelenverwandtschaft, Ihre Maria

Kantate, Nr. 3 (Rezitativ Tenor)

Des Höchsten Güt und Treu wird alle Morgen neu und währet immer für und für bei denen, die allhier auf seine Hilfe schaun und ihn in wahrer Furcht vertraun. Hingegen übt er auch Gewalt mit seinem Arm an denen, welche weder kalt noch warm im Glauben und im Lieben sein. Die nacket, bloß und blind, die voller Stolz und Hoffart sind, will seine Hand wie Spreu zerstreun.

Predigt 2

Liebe Maria, nachdem sich meine Überraschung gelegt hat, bin ich außer mir vor Freude! Wenn Sie wüssten, wie schwierig es sich zuweilen gestaltet, ein brauchbares Libretto zu bekommen. Und nun lerne ich die Librettistin persönlich kennen! Als ich Ihren Text entdeckte, ging mir das Komponieren so herrlich leicht von der Hand. Kraftvolle Worte, ganz nach meinem Geschmack. Und es sind ebendiese Ihre Worte, die mir die Antwort auf Ihre Frage umso gewisser und klarer machen: Ja, ich vertraue auf Gottes Gerechtigkeit. Sie ist jeden Morgen neu, den ich erlebe.

Ich bin hier umgeben von dero Hochwohlgeborenen, von klug parlierenden Ratsherren, Perückenträgern, Gelehrten, allerlei Stadtpfeifern, Hofräten und Zippelfagottisten. Wie sollte ich leben und arbeiten, wenn ich das nicht wüsste: dass die Welt auf einem Fundament ruht, das besser trägt als ein wohlgesetzter und gut ausgeführter Generalbass? Wie sollte ich junge Menschen unterrichten und ins Leben begleiten ohne die Hoffnung auf eine gute Zukunft?

Auch mir ist ein Schatz überliefert worden. Ich besitze ein Schatzkästchen mit zwei Abteilungen: In der einen sind die Werke der Musik, die ich studiert habe, um meine eigene Klangwelt zu finden. In der anderen ist der Trost, den ich in der Heiligen Schrift finde. In Ihrem Sohn, der gelebt hat, was Sie gesungen haben: Die Niedrigen erhöht er und die Hungrigen füllt er mit Gaben.

Seien Sie getrost und auf das Allerherzlichste gegrüßt von ihrem ganz gehorsamst-ergebenen Diener Johann Sebastian Bach

Kantate, Nr. 4 (Arie Bass)

Gewaltige stößt Gott vom Stuhl hinunter in den Schwefelpfuhl; die Niedern pflegt Gott zu erhöhen, dass sie wie Stern am Himmel stehen. Die Reichen lässt Gott bloß und leer, die Hungrigen füllt er mit Gaben, dass sie auf seinem Gnadenmeer stets Reichtum und die Fülle haben.

Predigt 3

Lieber Johann Sebastian, dank der modernen Technik fliegen unsere Gedanken nur so hin und her! Wie dankbar bin ich über den Austausch mit dir – und über die neuen Zeiten, in denen wir Du sagen und die Schreibfedern gegen Smartphones getauscht haben.

Ist das nicht ein Wunder? Auch in diesen Zeiten wird mein Lied mit deiner Musik aufgeführt! Und ich bilde mir ein, die trotzige junge Frau und den genialen Komponisten genau zu erkennen. Ich höre, wie die Machthungrigen ins Leere laufen. Und ich fühle, dass das Gnadenmeer unendlich ist. Ich lasse mich hineinfallen und fühle mich leicht und getragen.

Aber: ist das nicht auch ein bisschen traurig? Ich weiß nicht, wie es dir geht, aber ich hätte gedacht, dass es ein wenig schneller und reibungsloser verläuft mit Gottes Gerechtigkeit. Und dass unser Lied irgendwann ganz schrecklich veraltet ist. Doch das Gegenteil ist der Fall …

Und weißt du, was ich mich noch frage? Kannst du auch die leisen Töne? Liebe Grüße, Maria

Kantate, Nr. 5

Er denket der Barmherzigkeit und hilft seinem Diener Israel auf.

Predigt 4

Liebe Maria, ja, leise kann ich gut … vielleicht sogar besonders gut. Ich habe viel erlebt und oft genug meine Lieben beweint. Traurig kann ich, und voller Sehnsucht und zu Tode betrübt. Die Stimmungen der menschlichen Seele in Musik zu verwandeln, das ist mein Leben! Und du hast Recht: Wir hätten Grund genug, bei der Klage zu bleiben oder gar zu verstummen. Aber das kann meine Musik nicht. Sie verliert und verirrt sich nicht. Sie kommt immer wieder aus der Tiefe zurück und findet nach Hause.

Vielleicht hast du es im Duett gehört: Gottes Barmherzigkeit beugt sich zu dir hinunter. Sie möchte wissen, wie es dir geht. Und mit der nächsten Bewegung richtet sie sich auf – und dich gleich mit. »Er denket der Barmherzigkeit und hilft seinem Diener Israel auf.«

Du hast die Hoffnung auf Gottes Gerechtigkeit unter deinem Herzen getragen – und wir füllen unsere Schatzkästchen damit. Sie hält und trägt uns immer weiter. Wohin sie uns bringt und wann sie sich erfüllt: Ich weiß es nicht. Wichtig ist doch: Sie trägt und trägt. Und klingt und klingt. Liebe Grüße, Johann Sebastian

Kantate, Nr. 6 (Rezitativ Tenor)

Was Gott den Vätern alter Zeiten geredet und verheißen hat, erfüllt er auch im Werk und in der Tat. Was Gott dem Abraham, als er zu ihm in seine Hütten kam, versprochen und geschworen, ist, da die Zeit erfüllt war, geschehen. Sein Same musste sich so sehr wie Sand am Meer und Stern am Firmament ausbreiten, der Heiland ward geboren, das neue Wort ließ sich im Fleische sehen, das menschliche Geschlecht von Tod und allem Bösen und von des Satans Sklaverei aus lauter Liebe zu erlösen; drum bleibt's dabei, dass Gottes Wort voller Gnade und Wahrheit sei.

Predigt 5

Was Gott in alten Zeiten versprochen hat: Das haben wir immer noch in unseren Schatzkisten und Schatzkästchen. Die Erzählungen und Dichtungen Israels, die Literatur der ersten Christinnen und Christen, die Musik aus vielen Jahrhunderten.

Unsere Kirche wird kleiner und ärmer, aber sie bleibt reich an Hoffnung! An trotziger klangvoller Hoffnung. Sonst könnte ich hier nicht stehen und mich in den Dienst als Pfarrerin einführen lassen. Sonst hätte ich ein viel zu kleines und mutloses Herz – und leere Hände. Das geht nur, weil ich in die Schatzkisten greifen und mich nach Herzenslust bedienen kann.

Ich bin gespannt, auf welche Ideen wir hier in der Oststadt kommen, um unseren Schatzkisten-Reichtum großzügig zu teilen. Welche Hoffnung wir beim Wort nehmen und in die Tat umsetzen. Wie wir diesen schönen Kirchenraum mit Leben füllen. Welche Musik wir erleben. Welche Lieder wir neu singen. Marias Lied z. B. macht auch als französisches Chanson eine gute Figur. Dann klingt es nach Feigenbaum und Landhaus und Revolution und Rotwein. Und nach der ganzen menschlichen Sehnsucht nach Gerechtigkeit und Frieden. Trotzige klangvolle Hoffnung in schwierigen Zeiten. Sie trägt und trägt und klingt und klingt.

Lied: Mit dir, Maria, singen wir (GL 887)

Im Anfang war der Freigeist
Predigt über Gen 1,1-27

Emilia Handke

Als diese Zeilen aufgeschrieben wurden, war nichts mehr sicher: keine Pensionen für Beamte, keine Lebensversicherung, keine Zuschüsse, kein Dach über dem Kopf.

Als diese Zeilen aufgeschrieben wurden, war das, was den Menschen heilig war, zerstört – und alles, was ihnen vertraut war, musste verlassen werden.

Als diese Zeilen aufgeschrieben wurden, herrschte Chaos und mitunter auch große innere Verzweiflung.

In dieser Situation nahmen ein paar Priester aus dem Volk Israel ein paar Papyrusblätter zur Hand und eine Rohrfeder und schrieben in ihren Stuben ein Bekenntnis, das 2600 Jahre überdauern sollte. Sie schrieben:

»Am Anfang schuf Gott Himmel und Erde. Und die Erde war wüst und leer, und Finsternis lag auf der Tiefe; und der Geist Gottes schwebte über dem Wasser.«

Im Nichts war für sie nicht nichts. Im Nichts war schon etwas: Die Erde war wüst und leer, aber der Geist Gottes schwebte über den dunklen Wassern.

Das ist noch nicht viel. Ein schwebender Geist über dunklen Wassern ist vielleicht so etwas wie ein Jucken in den Fingern oder ein aufgeregt klopfendes Herz. Da ist wüste Leere und Finsternis über der Tiefe, aber da west etwas an, da flimmert und flüstert etwas.

Als diese Zeilen aufgeschrieben wurden, stand alles, was man bisher kannte und liebgewonnen hatte, infrage. Sogar Gott selbst. Auch der stand infrage. Denn warum hatte er das Elend des Babylonischen Exils um Himmelswillen nicht verhindert?

In dieser Situation nahmen ein paar Priester aus dem Volk Israel ein paar Papyrusblätter zur Hand und eine Rohrfeder und schrieben in ihren Stuben ein Bekenntnis, das 2600 Jahre überdauern sollte:

»Gott sprach: Es werde Licht! Und es ward Licht. Da schied Gott das Licht von der Finsternis und nannte das Licht Tag und die Finsternis Nacht. Da ward aus Abend und Morgen der erste Tag.«

Angesichts des Dunkels ihrer Tage und der Ungewissheit ihrer Zukunft erzählten die Priester aus dem Volk Israel von einem Gott, der das Licht anknipst und konkret wird.

Angesichts des Dunkels ihrer Tage und der Ungewissheit ihrer Zukunft erzählten die Priester von einem Gott, der anpackt und das Chaos aufräumt: Licht von Finsternis unterscheidet.

Dieser Gott, von dem unsere geistlichen Vorfahren erzählen, übt sich nicht einfach in Laissez faire, und dieser Gott heißt auch nicht das Wirrwarr gut.

Dieser Gott, von dem unsere Vorfahren erzählen, schafft Klarheit und Unterscheidung und nennt die Dinge beim Namen: Das eine heißt Tag und das andere heißt Nacht.

Dieser Gott traut sich, das Chaos anzugehen und Licht in die Rumpelkammer zu bringen. Dieser Gott wird schmerzlich konkret.

Als diese Zeilen aufgeschrieben wurden, war jedoch historisch das Gegenteil der Fall: Den Staat Juda gab es nicht mehr, seine Hauptstadt Jerusalem war von den Babyloniern erobert worden. Viele Menschen mussten ins Exil. Alles war unklar. Kein fester Boden mehr. Ein neuer Anfang verzweifelt gesucht!

Es ist unschwer zu erkennen, dass es Parallelen gibt zur Lage der Kirche in der heutigen Zeit: Vieles von dem, was uns lieb und vertraut war, ist nicht mehr sicher. Pfarrstellen stehen zur Debatte, Häuser müssen verkauft werden – und darüber wird aller Wahrscheinlichkeit nach heftiger Streit ausbrechen. Ein neuer Anfang laut oder leise verzweifelt gesucht.

Wie ging das damals – in der Not des Babylonischen Exils – einen neuen Anfang zu finden? Bei den Priestern von damals hat das Neue mit einer Erzählung begonnen. Mit einer Erzählung, die Wums hatte. Zum Glück müssen wir diese Erzählung selbst nicht erfinden – das haben die tapferen Priester mit ihren Papyrusblättern und Rohrfedern bereits getan. Sie haben uns eine Geschichte geschenkt, die die Kraft hat, zu verwandeln: Nichts in etwas. Chaos in Ordnung. Dunkelheit in Licht. Und viele Jahre später: Wasser in Wein. Brot in Christus. Tod in Leben. Die Schöpfungsgeschichte lehrt die christliche Kunst der Verwandlung.

Mit dieser Geschichte, die ihre damalige Wirklichkeit ins Gegenteil verkehrt, gewinnen sie nicht weniger als einen neuen Anfang. Sie gewinnen das Bekenntnis zu einem Gott, der das Licht anknipst. Der konkret wird. Der loslegt und einen Anfang macht. Der keine Rumpelkammern akzeptiert. Der die Sachen nicht sich selbst überlässt, sondern die Verantwortung übernimmt. Der nicht im Schweigen verharrt, sondern die Dinge beim Namen nennt.

Dieser Gott des Anfangs war ein Freigeist.
Der Gott des Anfangs war ein Flimmern und ein Flüstern.
Dieser Gott des Anfangs war ein Schweben in der Dunkelheit.
Der Gott des Anfangs war vor allem aber: ein kreatives Genie.
Und ich glaube, es lohnt sich für uns alle, bei diesem Gott in die Lehre zu gehen.

Als diese Zeilen aufgeschrieben wurden, waren viele Gläubige stumm geworden, weil er so unsichtbar geworden war, dieser Gott. Und weil das Gefäß, das man für diesen Gott gefunden und jahrelang in mühevoller Kleinstarbeit gebaut hatte – sein Tempel – sich als so schrecklich verletzbar erwiesen hatte.
In dieser Situation nahmen ein paar Priester ein paar Papyrusblätter zur Hand und eine Rohrfeder und schrieben in ihren Stuben eine Geschichte von göttlichen Samenkörnern auf der Erde und von funkelnden Sternen am Firmament und von Gott als einem kreativen Genie. Ein bisschen verrückt vielleicht – ich meine: »Seeungeheuer«? –, manchmal vielleicht auch etwas selbstgefällig oder sogar arrogant: »Siehe, es war sehr gut.« Aber der, der dann später sein Sohn genannt wurde, der war das alles auch. Und dass wir zu seinem Bilde geschaffen sind, heißt dann, dass wir nicht jammern und lamentieren, sondern schöpferisch tätig sein sollen.

Da ist ein Flüstern und ein Flimmern in der Welt, das raunt:
Die Erde ist zwar wüst und leer, und Finsternis liegt auf der Tiefe; aber der Geist Gottes schwebt über dem Wasser.
Er schwebt über unseren alten Ruinen und über unseren Friedhöfen.
Er schwebt über den alten vergilbten Kirchenbüchern und der verstaubten Orgel.

Er schwebt über den leerstehenden Pfarrhäusern und den unbesetzten Stellen.

Er schwebt genau hier und genau jetzt.

Das Flüstern und Flimmern raunt: Es ist eigentlich alles da. Ob wir drei oder sieben Kirchengemeinden zu einer vereinigen müssen, Pfarrhäuser verkaufen oder Kosten welcher Größenordnung auch immer zu sparen sind – letzten Endes ist alles schon da: der Geist Gottes und Menschen, die dieses Geistes Kinder sind.

Ernsthaft problematisch ist nur, dass sich die Schöpfung – dieses Geistes Kinder – immer wieder selbst festfährt und erstarrt, dass die Schöpfung den Schwebezustand des göttlichen Geistes immer wieder verliert. Nach dieser Regelmäßigkeit des Festfahrens und Erstarrens könnte man förmlich die Uhr stellen.

Und auch in Bezug darauf lohnt es sich, bei Gott selbst in die Lehre zu gehen: Als es nämlich wieder einmal so weit war und die Religion sich in ihren unendlichen Vorschriften und Gesetzen erstickt hatte – auch das ließe sich unschwer ins Heute übertragen –, da hat sich Gott schließlich selbst übertroffen und »alle auf den Pott gesetzt, die ihn in eine Schublade stecken wollten« (Eva Jung) – Gott ist Mensch geworden. Gott sprach: I did it my way.

Ich glaube, es geht für uns alle – in der Kunst und in der Kirche und überhaupt im Leben – darum, diesem schwebenden, flüsternden und flimmernden göttlichen Geist nachzujagen und die Hand nach ihm auszustrecken oder ihn mit der Zunge wie eine schwebende Schneeflocke einzufangen. Dieser schwebende göttliche Geist ist wie die Luft zum Atmen. Er hilft uns, nicht zu erstarren, sondern schöpferisch tätig zu werden und uns selbst und diese Welt zu verwandeln. Paul Tillich nannte diesen Zustand nicht weniger als eine Ekstase: Ekstase ist der Zustand, in dem der göttliche Geist in unsere kleinen und engen menschlichen Gedanken und unser Gejammer einbricht und uns über uns selbst hinaustreibt zu etwas Größerem.

Ich habe diesen Zustand in meiner Arbeit in Hamburg oft erleben dürfen, z. B. mit dem Team der Pop Up Church, das die eigene Angst davor, es könnte peinlich sein, an Gründonnerstag wildfremden Menschen auf der Straße die Füße zu waschen, immer wieder miteinander überwunden hat. Aber auch schon viel früher: Bei jeder Christenlehrestunde von Frau H., wo mir eine Geschichte aus der Bibel erzählt worden ist, die davon handelte, wie sich Menschen gegenseitig verzeihen, aufeinander zugehen und einem Gott begegnen, der größer ist als alles, was sie bisher gedacht hatten.

Wann immer ich das selbst erleben durfte, war es für mich eine Gotteserfahrung. Und ich bin mir sicher, Sie und ihr alle kennt das auch. Diesen Ein-Fall des göttlichen Geistes, der uns über unsere engen Grenzen, unsere Müdigkeit und unsere Larmoyanz, unsere Defensive und unsere Ängstlichkeit hinaustreibt in die Weite. Dieser Geist ist – wie die Geschichte, die Wums hat – auf gewisse Weise schon da: Dieser Geist wurde uns nämlich eingehaucht. Von Anfang an. So pfiffig und so inspirierend ist Gott. Ein kreatives Genie eben.

Er war schon da, schuf und schwebte – und es ward! Und er schuf den Menschen nach seinem Bilde, zum Bilde des Schöpfers schuf er ihn.
Lasst uns das wahrmachen – in Jesu Namen.

Am Anfang steht das Finden
Predigt über Apg 16,9–15

Ann-Kathrin Knittel

Aus einer Predigtreihe »Biblische Start-up-Geschichten«

Wir beginnen diese Predigtreihe mit einem Einblick in die Zeit der ersten Gemeinden. Als es gar kein Patentrezept gab, wie das so gehen kann – Kirche sein ...

Wir schreiben das Jahr 50. Wir lagern in Troas, einer Gegend auf dem Landzipfel südlich des Hellespont, der schmalen Meerenge zwischen Ägäis und Marmarameer. Hinter uns liegen vernichtende Monate. Schon vor Beginn der Reise das Zerwürfnis mit den anderen. Jetzt sind wir ohne Barnabas unterwegs, weil der wiederum nicht ohne Markus fahren wollte. Ich kann Paulus schon verstehen: Auf der ersten Reise hat Markus nicht gerade durch Beständigkeit geglänzt, und man muss sich auf alle Mitarbeiter verlassen können. Aber zu sagen »Wenn Markus mitkommt, könnt ihr ohne mich gehen« war vielleicht auch doch wieder ein bisschen zu konsequent. Paulus-konsequent. Auch hier unter uns menschelt es ganz schön. Der einzige Glücksgriff all dieser Monate ist Timotheus, der uns seit Lystra begleitet. Er bereichert unser Team; mich zumindest erinnert er an meine eigene Anfangszeit – voller Begeisterung und Motivation. »Der Herr wird über seinem Wort wachen, dass er's tut« (Jer 1,12) sagt er mit einem Leuchten in den Augen. Ja, ja, schön und gut. An manchen Orten ist unsere Botschaft von Jesus auf fruchtbaren Boden gefallen, wobei man ja auch sagen muss, dass eine Hand voll Leute, die sich uns anschließen, schon als großer Erfolg gilt. Aber an anderen Orten sind die Herzen verschlossen, wie harter Boden, über den schon zu viele darübergetrampelt sind – mit Versprechen von einem besseren Leben, mit hartherzigen Aussagen über Gott, mit Weghören oder Wegsehen, wo Menschen um Hilfe gerufen haben. In den letzten Monaten aber sind wir nicht mal wirklich zum Aussäen gekommen. Hätte mir früher jemand erzählt, dass wir mit Hindernissen zu kämpfen haben, hätte ich abgewinkt und entgegnet, dass das schon sein kann, aber dass man mit der richtigen Strategie und ein bisschen Vertrauen auf Gott diese Hürden schon nehmen wird. Doch nun dieses ganze fruchtlose Hin und Her seit mehreren Monaten. Eigentlich wollten wir in die Provinz Asia in den Westen Kleinasiens – Pustekuchen. Der Plan, an die Nordküste zu reisen und dort das Wort des Herrn zu verkünden, ist auch gescheitert. »Der Herr führt uns krumme Wege, aber der Herr führt uns!«, sagt Paulus hin und wieder lachend, wenn ich meinen Unmut kaum noch im Zaum halten kann. Das ist genauso tröstlich wie »Gott schreibt auf krummen Linien gerade«, wenn man gerade mitten auf der krummen Linie ist, nämlich gar nicht so richtig. Jetzt sitzen wir in Troas und damit doch an der Westküste Kleinasiens. Im Rücken das Gebirge, vor uns das Meer. Schön ist es ja, aber geplant war das so nicht.

Gut geplant ist halb gewonnen. Das stimmt oft, aber eben nicht immer. Gut geplant ist halb gewonnen. Ich bin sicherlich keine akribische Planerin, die jedes Detail eines Projekts schon Wochen oder gar Monate vorher festgelegt haben muss, aber im Grunde bin ich schon davon überzeugt, dass es gut ist, einen Plan zu haben. Privat, beruflich. Gut geplant ist halb gewonnen. Das stimmt immer mal, aber eben oft auch nicht. Viel zu viel lässt sich nämlich leider nicht planen. Mir reicht ein Blick in einen normalen Tag in unserem Familienalltag, und ich finde mindestens zehn Beispiele dafür. Der Plan von Paulus und seinen Begleitern war gut – zuerst die Gemeinden besuchen, die sie wenige Jahre zuvor gegründet hatten und dann von dort aus weiterziehen und die Bewegung im wahrsten Sinne des Wortes aus-breiten. Doch es klappt einfach nicht. Warum genau, ist schwer zu sagen. Das kriegen wir mit der Apostelgeschichte nicht heraus. Aber das ist ja auch meistens so. Woran es genau liegt, dass etwas nicht funktioniert hat, ist schwer auszumachen – warum mancher gute Plan misslingt und ein anderer fruchtet, warum manche Wege sich trennen und andere Beziehungen Bestand haben, warum man manche Wege einfach nicht einschlagen kann, selbst wenn objektiv nichts dagegenspricht. Warum manche Gemeindeveranstaltungen gut besucht sind und andere weniger. Paulus und seine Begleiter wollen das Wort Gottes verbreiten, aber sie erfahren, dass ein anderer das erste Wort hat, dass sie gerufen werden müssen. So erzählt der Paulusbegleiter in der Apostelgeschichte im 16. Kapitel:

Lesung: Apg 16,9–15

Schön ist es ja, aber geplant war das so nicht. Zum Glück gibt es sie – die Augenblicke, die ich beim Schopf ergreife, auch wenn das so gar nicht mit meinem Plan zusammenpasst. Zum Glück haben Paulus, Silas und Timotheus sich nicht an das Sprichwort »Träume sind Schäume« gehalten. Sonst hätte es vielleicht keine christlichen Gemeinden in Thessaloniki, Korinth und Philippi gegeben und damit auch keine Briefe von Paulus an die Thessalonicher, Korinther und Philipper. Sonst wäre Lydia vielleicht auch nicht die erste Christin auf dem Kontinent geworden, den wir heute Europa nennen. Und auch das hat sicherlich nicht der Vorstellung von Paulus entsprochen.

Paulus und seine Leute machen die Erfahrung: Sie bringen Gott nicht mit, nein, Gott und die ihn suchen sind schon da. Am Anfang steht das Finden. Nicht in den Tempeln der Stadt Philippi, sondern draußen am Fluss. Ein guter Ort für die mit offenen Herzen. Gott schließt Lydia in einem Gespräch das Herz auf. Nicht auf dem Marktplatz, ganz ohne großes Event – das ist wunderbar, aber gleichzeitig doch auch gar nicht so überraschend, wenn man bedenkt, wie wenig im Leben nach Plan verläuft. Auch bei Lydia ist das so. Eine Einheimische ist sie nämlich auch nicht. Vielleicht war sie sogar einmal eine Sklavin. Jetzt aber vertreibt sie kostbare Stoffe und ist offensichtlich die resolute Chefin eines großen Hausstands. So resolut, dass der Begleiter von Paulus auch gar nicht besonders dramatisch und glanzvoll über ihre Taufe berichtet, wie man das von einem Missionar vielleicht erwarten könnte, sondern seinen Bericht damit beendet, dass sie alle geradezu genötigt werden, bei Lydia als Gäste einzukehren. Mindestens auf eine Tasse Kaffee und ein Stück Kuchen. Oder auch zwei. Und Abendessen. Wer Gott gefunden hat, der bleibt.

Wir bringen Gott nicht mit, nein, Gott und die ihn suchen sind schon da. Das ist auch die mutige Grundannahme einer Bewegung, die ursprünglich aus England kommt, die es aber mittlerweile auch in Deutschland gibt: Fresh X / Frische Ausdrücke / Formen von Kirche ... Denn das Christentum in Europa ist wieder bei Lydia angekommen: suchend und tastend. Eine Initiative in der Kirche, die Gemeinden pflanzen will. Doch eben nicht so pflanzen, dass ich etwas vollkommen Neues einpflanze, sondern mit viel Geduld gieße, was schon im Boden verborgen ist, was aussieht wie tot. Wir bringen Gott nicht mit, nein, Gott und die ihn suchen sind schon da. Gott ist schon da, bei jedem einzelnen, auch wenn es für mich anders aussieht. Nicht einpflanzen, sondern Bedingungen zum Wachsen schaffen, lautet die Devise. Mit Blick auf die Ergebnisse der FORUM-Studie muss man wohl sagen: Es ist schon viel gewonnen, wenn wir nicht so über Herzen trampeln, dass dort nichts mehr wachsen kann.

Was dann herauskommt, ist vielleicht nicht unbedingt Zuchtweizen, das, von dem ich sagen würde, es hat Hand und Fuß (ein klassischer Sonntagsgottesdienst, ein Gebetskreis, ein Gemeindefest), sondern eher eine Wildblume (eine kleine Gruppe trifft sich jede Woche zum Walken um den See und redet über dies und das, ganz selten auch mal über Gott und Glauben). Aber kein gesundes Feld besteht nur aus Weizen.

Manchmal müssen wir Gott wohl auch gar nicht suchen, sondern uns finden lassen. Vielleicht müssen wir auch gar nicht so viele Worte machen gegenüber anderen oder beim Beten, sondern vielmehr hören. Denn Gott hat das erste Wort.

Wo G:tt wohnt
Narrative Kerwepredigt zum Thema Gebäudeschließungen

Ann-Kathrin Knittel

»Hat jemand ein Paket für mich abgegeben?«, fragt Jesus.

»Nein, heute kam nichts an ...«, sagt Gottvater, während er vorsichtig auf die heiße Suppe in seiner Schöpfkelle bläst. »Erwartest du was?«

»Ein Paket – wie gesagt ...«, erwidert der Sohn etwas unwirsch.

»Was hast du denn ...«, will die Heilige Geistkraft wissen, die gerade ihren Kopf zur Tür hereinsteckt. Gott weiß, wo die schon wieder herkommt, denkt Jesus. Jesus schneidet ihr das Wort ab: »Nie kommt irgendwas beim ersten Versuch hier an.«

Gottmutter öffnet den Mund, um etwas zu erwidern, aber schon kontert Jesus »außer Gebete. Es ist einfach zu verwirrend mit unserer Wohnsituation.«

»Also ich finde, das hat seinen Charme«, sagt Gottvater versöhnlich. »Man kann im Homeoffice arbeiten, ab und zu in die Außenstellen ...«

»Wisst ihr, dass die Arbeitsbelastung im Homeoffice im Vergleich zur Büroarbeit deutlich angestiegen ist?«, wirft die Geistkraft ein. »Hat eine Umfrage ergeben. Weil die Arbeitnehmer nicht mehr so gut zwischen Privat und Arbeit trennen können ...«

»Als ob wir das hätten jemals tun können«, seufzt Jesus. Dann setzt er erneut an: »Also, ich verbringe ja wirklich gern Zeit mit euch hier oben.«

»Das weiß ich«, sagt Gottmutter väterlich. »Aber hier komme ich mir manchmal vor wie in so einem Einfamilienhaus, wo man die Hausnummer nirgends findet, mit extra hoher Hecke, damit die Nachbarn nicht reinschauen können, und nochmal einem Zaun, damit niemand durch die Hecke kann, und noch einem Schild dran ›Warnung vor dem Hunde‹ ...

»Ts ...«, schnaubt Jesus und wirft einen Blick in die Küchenecke, in der der Leviathan eingerollt in seinem Körbchen liegt. »Fast vermisse ich es, auf der Erde unterwegs zu sein ...«

»Dabei war dieser Aufenthalt ja geradezu ein Himmelfahrtskommando«, grinst die Geistkraft verschmitzt.

»Auch wieder wahr ...«, gesteht Jesus.

»Und die Erde ist auch nicht mehr das, was sie mal war«, versucht Gottvater mütterlich zu trösten. »Wobei ... naja, auch in den Außenstellen gibt es momentan viel Verwirrung. Da würde dein Paket sicher auch nicht ankommen ...«

»Genau, noch so was, was mich ärgert.« Jesus kommt langsam richtig in Fahrt. »Selbst dort weiß niemand mehr, wo wer zu finden ist. Und das betrifft ja fast jede dritte Außenstelle. Nur ein Beispiel: Die katholische Kirche in Sulzbach ist seit dem Brand geschlossen. Es hat ja ohnehin schon vorher genug Verwirrung gegeben, weil die evangelische so dicht neben der katholischen steht. Aber im Notfall konnte man sich darauf verlassen: Wo die Kirchentür immer offen ist, das ist die katholische. Jetzt planen die Katholiken eine Kapelle im Gemeindezentrum, und die Evangelischen beraten auch schon wieder darüber, welche Kirchen noch weiter finanziert werden können. Unverantwortlich ist das ...«

»Nana«, beschwichtigt Gottmutter väterlich und kann sich ein Lächeln nicht verkneifen. »Ich dachte, du hast dich immer missverstanden gefühlt in deiner Idee von Kirche. Ich meine, du hättest nicht unlängst geschimpft, dass mehr Energie in die Kirchengebäude gesteckt wird als in die Gemeinschaft Kirche ...«

»Schon«, wirft Jesus ein, »aber die Menschen brauchen nun mal Räume«, ergänzt die Geistkraft neckisch im Tonfall von Jesus.

»Ach, du wehst doch eh, wo du willst«, raunzt Jesus etwas lauter als geplant in Richtung heilige Geistkraft.

»Jop«, flötet die Geistkraft und fügt mit einem gewinnenden Lächeln hinzu: »solltest du auch mal probieren ...« »Pff ...«, entgegnet Jesus.

»Also, ich bin jetzt schon so viel umgezogen«, wirft Gottvater mütterlich ein, »dass ich sagen muss: Jedes Haus hat seine Vorteile ... ach was, Haus! Ganz früher war es ja ein Zelt. Als ich mit Israel in der Wüste unterwegs war: Ich sag euch, der ganze Sand, der da immer durch die Zeltplanen kam. Die Bundeslade, der Altar ... ständig eingestaubt. Aber gestört hat's mich nicht. Meine Güte, waren das Zeiten ... 40 Jahre durch die Wüste im Zelt. Aber mittendrin.«

»Also verstehst du schon, was ich meine«, wirft Jesus ein. »Mitten unter den Menschen zu sein ist aufregend«.

»Im doppelten Wortsinn ...«, grinst die Geistkraft. »Aufgeregt habt ihr euch ja beide häufiger, als ihr auf der Erde mit ihnen direkt unterwegs wart ...«

»Zurecht ...«, grummeln Jesus und Gottmutter wie aus einem Mund und mit demselben Gesichtsausdruck. Die Geistkraft amüsiert sich noch mehr.

»Manchmal sind die Menschen einfach schwer von Begriff«, seufzt Gott. »Nach dem Umherziehen mit Zelt hatte ich den Eindruck, ein richtiges Haus wäre jetzt mal dran. Und schön war er, der Tempel, den Salomo mir in Jerusalem gebaut hatte. Aber wie das dann manchmal so ist: Irgendwie dachten sie damals, wenn mein Haus so dastände, wäre schon alles geklärt. Muss man sich auch nicht mehr anstrengen, und es ist egal, wie man handelt, wem man noch so schöne Augen macht ... als ob ich nicht wieder ausziehen könnte ...«, sagt Gottvater offensichtlich immer noch erstaunt und geknickt ...

»Mit dem Vorgarten kommt die falsche Sicherheit ...«, resümiert die Geistkraft nachdenklich. »Der Himmel und aller Himmel Himmel können dich nicht fassen (1 Kön 8,27), das haben sie erst ziemlich spät wieder begriffen. Naja, als der Tempel zerstört wurde, mussten sie ihre grauen Zellen mal wieder richtig anstrengen ... Wo wohnt dieser ›Gott‹ wohl?«

»Naja, aber nun haben wir wieder das andere Extrem ... jetzt sind wir gar nicht mehr so richtig auf dem Bildschirm«, hakt Jesus ein. »Bei den Menschen muss immer alles extrem sein. Entweder man ist immer (nur) in seinem Haus anzutreffen oder man ist gar nicht ansprechbar ...«

»Sie sind halt hoffnungslose Dreidimensionalisten«, gibt Gottmutter nicht ohne zärtlichen Unterton zu.

»Da nützt es auch nix, dass sie alle selbst ständig erreichbar sind, obwohl sie nie richtig anwesend sind! Da hört die Übertragungsleistung schon auf«, ärgert sich Jesus. »Ein einfältiges und unbelehrbares Geschlecht!«.

»Da ist er ja wieder – der aufregende Jesus«, zwitschert die Geistkraft.
Jesus unterdrückt den Impuls, der Geistkraft eine Flapsigkeit an den Kopf zu werfen, und sagt stattdessen: »Danke!«

»Wofür?«, fragt die Geistkraft?«

»Dass du mich daran erinnert hast, wie gut wir es hier oben haben. Zu dritt ...«

»Und doch nur als einer«, gibt Gottvater zu bedenken.

»Trotzdem ... die Menschen ...«, setzt Jesus an.
Da klingelt es an der Tür. Jesus schaut verdutzt, hält inne, geht dann

aber schnell zur Haustür. Nach wenigen Minuten kommt er wieder in die Küche und setzt sich an den Tisch.

»Was hast du eigentlich bestellt?«, fragt Gottmutter und schiebt Jesus einen dampfenden Teller hin.

»Hm?«, Jesus blickt irritiert auf.

»Na, du hast doch auf ein Paket gewartet.«

»Ach so.« Jesus errötet leicht, blickt bestimmt nach unten und fängt an zu löffeln. »Nur ein Zelt«, sagt er schließlich etwas vernuschelt.

»Ein Zelt?«, Gottvater hebt die Augenbrauen und schneidet mit wissendem Lächeln Brot auf.

»Nur für den Fall, dass ich mal wieder gehe.«

Aus dem Augenwinkel sieht Jesus, wie sich die Heilige Geistkraft schon den Rucksack schnappt, den sie ja ohnehin immer griffbereit neben der Tür stehen hat.

»Also Camping war ja immer noch meine liebste Art des Wohnens«, sinniert Gottmutter vor sich hin.

Jesus blickt erwartungsvoll auf: »Ein Roadtrip also?«

»Ich habe gehört, in Sulzbach ist Kerwe«, ruft die Geistkraft aufgeregt. »Auf zu Äbbelwoi und Kochkässchnitzel!«

Die Geschichte ist noch nicht zu Ende erzählt

Monika Lehmann-Etzelmüller

Seit einiger Zeit habe ich eine neue Lieblingsserie. Sie heißt »The Mandalorian« und ist Teil der Krieg-der-Sterne-Saga, also die Geschichte mit den Jedis und der Macht und dem Kampf zwischen Gut und Böse. Was ich an der Serie mag? Abgesehen davon, dass Baby Yoda so unfassbar süß ist, gibt es da noch einen anderen Grund. Es sind die vielen Charaktere, die nicht das machen, was sie sollen, sondern etwas ganz anderes. Sie tun das, was wirklich niemand von ihnen erwartet hätte.

Das hätte ich nicht von dir erwartet, sagen wir manchmal. Zu der Frau, die ihre Rolle als Mutter und Ehefrau plötzlich zu hinterfragen beginnt. Zu dem Mädchen, das offenbart, wie lange sie sich schon als Junge fühlt. Zu dem Nachbarn, der beruflich etwas ganz Neues wagt und sich neu erfindet.

»Das hätte ich nicht von dir erwartet.« Haben Sie den Satz auch schon mal zu hören bekommen? Lassen Sie mich raten, vielleicht so: Du gehst in die Kirche, echt jetzt? Hätte ich nicht von dir erwartet.

Vor den Sommerferien habe ich mit Abiturientinnen und Abiturienten Gottesdienst gefeiert. Die Gebete, die Predigt, das Glaubensbekenntnis, alles haben sie selbst geschrieben, für die Musik und viel Schönes gesorgt. Und ich staune. So kann ein Gebet sich also auch anhören. Ich staune und spüre Glück. Wenn jemand etwas Überraschendes tut, ist das ein Glück. Es öffnet einen Raum. Es wirft ein Licht auf die eigenen, oft eingefahrenen Gedanken. Ich höre ganz anders hin, wenn es bei einer Predigt überraschende Wendungen gibt oder wenn jemand jenseits aller Floskeln und Kirchensprache mit anderen Worten betet.

Hätte ich jetzt nicht erwartet – wo das ins Spiel kommt, entsteht eine Menge Gutes. Wenn jemand Überraschendes und Unerwartetes tut, bringt das eine gut geschmierte Maschinerie ins Stocken. Ein Augenblick Unterbrechung, ein Augenblick Staunen blühen auf. Lebendigkeit wird frech. Entwicklung bahnt sich an. Das hätte ich nicht von dir erwartet. Wenn wir das hören, hören wir Vorwurf oder Unverständnis. Eigentlich ist es ein Kompliment.

Aber zurück zum Mandalorianer. Auch wenn Sie die Serie nicht kennen, werden Sie ihn mögen. Mandalorianer sind gute Kämpfer, ihre Rüstung bedeckt den ganzen Körper und ist aus einem Metall ihres Heimatplanten geschmiedet. Ihr Heimatplanet Mandalorian wurde vom Imperium am Tag der Tausend Tränen unbewohnbar gemacht. Darum sind sie über die Galaxis verstreut. Viele von ihnen sind Kopfgeldjäger. So ist es auch bei dem Mandalorianer, um den die Serie kreist. Er lebt davon, in gefährlichen Missionen Wesen der Galaxis aufzuspüren und bei seinen Auftraggebern abzuliefern. Absolute Verlässlichkeit ist garantiert. Doch dann tut der Mandalorianer etwas völlig Unerwartetes. Er spürt ein Wesen auf. Aber er liefert es nicht aus. Ganz im Gegenteil: Er beschützt Baby Yoda. Er bringt es in Sicherheit. An den Weichenstellungen der Geschichte tun die Protagonisten Unerwartetes. Mandalorianer folgen einem strengen Ehrenkodex. Dazu gehört: Sie nehmen nie und nimmer vor anderen ihren Helm ab. Der Mandalorianer tut es aber doch. Es geschieht in der Szene, in der alles verloren scheint. Er will Baby Yoda zeigen: Was auch geschieht, ich bin da. Wir stehen das gemeinsam durch. Damit wird er zum Geächteten in seinem Volk.
Aber auch Baby Yoda tut Unerwartetes. Mit seinem Zugang zur Macht greift er überraschend in das Geschehen ein. Er ist viel mehr als ein hilfloses Kleinkind. Und er durchkreuzt aller Erwartungen. Baby Yoda entscheidet sich dafür, seine Ausbildung zum Jedi abzubrechen, weil er lieber bei dem Mandalorianer sein will, der ihm zum Vater geworden ist. Erfahrene Galaxisreisende kommen ins Staunen. Das hätten wir jetzt nicht erwartet.

Darum mag ich diese Geschichte. Ob Gott sie wohl auch schaut? Auf jeden Fall glaube ich, dass Gott so auf uns schaut. Wir sind nicht so determiniert, wie wir das manchmal denken. Das Leben hat eine durchlässige Membran zu überraschenden Wendungen. Selbst die schlimmste Situation hat diese Offenheit, dass noch etwas geht. Die Bibel nennt das Wunder. Der Geist Gottes ist eine Kraft, die uns Auftrieb und Rückenwind gibt, um Überraschendes zu sagen, Unerwartetes zu tun, uns als Menschen und auch als Kirche neu zu skizzieren, manche Ungewissheit zu umarmen und den neuen Wegen zu vertrauen. Gott ist es, der den Helm abnimmt und zu dir sagt: Was auch geschieht, ich bin da.

Das ist noch nicht alles. Was mich auch fasziniert: Die Geschichte ist noch nicht auserzählt. Ich bin eigentlich kein Star-Wars-Groupie. Der erste Teil der Saga gehört zu meinen Kindheitserinnerungen und die folgenden Filme auch. In den letzten Jahren hat die Geschichte sich immer weiter entfaltet in neuen Serien und Geschichten. Man mag das als Lizenz zum Gelddrucken ansehen, aber eine spannende und vielschichtige Geschichte bleibt es trotzdem.

Die Bibel lässt sich auch so lesen. Eine Geschichte voller Menschen, die Unerwartetes tun und sich den Überraschungen anvertrauen, die man mit Gott erlebt. Die sich auch in größter Not noch seiner Nähe anvertrauen und nicht aufhören, auf ihn zu hoffen. Eine Geschichte voller Prequels und Sequels, mit neuen Staffeln und neuen Charakteren, die sich ins Herz stehlen. Eine Geschichte, die nicht auserzählt ist, weil die Geschichte Gottes mit den Menschen nicht endet. In der auch die Geschichte unserer Kirche nicht zu Ende erzählt ist, weil Gott in ihr ist. Gott webt seine große Geschichte wie einen Teppich aus unendlich vielen Fäden.

Wie Sie diese Geschichte weitererzählen, welchen Faden Sie wohl einflechten? Was es auch ist, es ist ein Faden in einer grandiosen Geschichte. Sie erzählen die Geschichte weiter, jede, jeder mit der eigenen Hoffnung und mit den eigenen Zweifeln.

Gott segne Sie mit manchen Augenblicken, in denen Sie von sich selbst sagen: Das hätte ich gar nicht von mir erwartet.

Gott überrasche unsere Kirche mit vielem, was sich neu entfaltet, weiterentwickelt, neue Farben und Leichtigkeit ins Spiel bringt.

Gott stärke uns mit Zeichen seiner Nähe. Ich bin da. Wir stehen das gemeinsam durch.

Planeten und Kometen rufen einander die gute Nachricht zu, das Wort vom Frieden der Sterne.

Ein Tag sagt's dem andern. Und eine Nacht tut's kund der andern.

Der Schall geht aus in alle Lande und ihr Reden bis an die Enden der Erde (nach Ps 8).

Das ist der Weg. Der Weg von Gottes Geschichte mit Menschen und der kleinen blauen Kugel im All.

Die Autorinnen und Autoren

Pfarrer Dr. Christoph **Ammann**, Zürich
Pfarrerin Tina **Blomenkamp**, Karlsruhe
Pfarrer i. R. Wolfram **Braselmann**, Wölpinghausen
Pfarrer i. R. Dr. Ludwig **Burgdörfer**, Wernersdorf
Pfarrer Francesco **Cattani**, Zürich
Pfarrer Markus **Engelhardt**, Dresden
Predigerseminardirektorin Dr. Emilia **Handke**, Ratzeburg
Pfarrer Berthold W. **Haerter**, Oberrieden (CH)
Pfarrer Rainer **Heimburger**, Wolfenweiler
Pfarrerin Sara **Heinrich-Balestri**, Lucca (I)
Pfarrer i. R. Kurt Rainer **Klein**, Schornsheim
Pfarrerin Dr. Ann-Kathrin **Knittel**, Hemsbach
Pfarrerin i. R. Sara **Kocher**, Zürich
Pfarrer Dr. Christoph **Kock**, Wesel
Pfarrerin Reinhild **Koring**, Langballig
Predigerseminardirektorin Monika **Lehmann-Etzelmüller**, Heidelberg
Pfarrer Jörg **Prahler**, Gusborn
Pfarrerin Olivia **Rahmsdorf**, Hochheim
Pfarrer Peter **Remy**, Alsfeld
Pfarrer Dr. Christian **Schwarz**, Wiesloch
Pfarrer Patrick **Schwarzenbach**, Zürich